BUKU MASAKAN PAPAN CANGKANG DAN PINGGAN CHARCUTERIE

100 Resipi dengan Spread, Daging Awet, Keju dan banyak lagi

Jane Haniff

hak cipta bahan ©2023

Semuanya Hak Terpelihara

Tidak sebahagian daripada ini buku mungkin berdoa digunakan atau dihantar dalam mana-mana bentuk atau bandar mana-mana bermakna tanpa yang betul bertulis persetujuan daripada _ penerbit semangat hak cipta pemilik, kecuali untuk ringkas petikan digunakan dalam a semakan. ini buku sepatutnya Nota berdoa dipertimbangkan a pengganti untuk perubatan, undang-undang, atau lain pr daripada essional nasihat.

ISI KANDUNGAN

ISI KANDUNGAN..3
PENGENALAN...7
PAPAN & PINGGAN CHARCUTERIE..................................9
1. Papan Charcuterie Klasik...10
2. Pinggan Mezze Mediterranean......................................12
3. Piring Antipasto Itali...14
4. Piring Charcuterie yang diinspirasikan oleh Asia..........16
5. Charcuterie berinspirasikan Perancis.............................18
6. Papan Keju Wanderlust..21
7. Papan Snek Charcuterie Musim Panas..........................23
8. Papan Keju Pembuka selera Antipasto..........................25
9. Maple Cream dan Apple Baked Brie Board..................27
10. Fall Charcuterie Board dengan Honey Brie, Figs dan Rosemary..29
11. Papan Salad Prosciutto dan Ara...................................31
12. Papan Buah-buahan...33
13. Pinggan Keju Terbaik dengan Anggur Panggang........35
14. Papan Tapas Sepanyol...37
15. Lembaga Keju Presiden...39
16. Brunch Board..41
17. Pinggan Daging dan Keju...43
18. Papan Keju dan Charcuterie..45
19. Papan Keju Musim Sejuk..47
20. Papan Buah-buahan Manis-Masin..............................49
21. Papan Keju Berinspirasikan Sepanyol........................51
22. Roti Leper Papan Charcuterie.....................................53
23. Charcuterie Board dengan Bacon-Onion Jam............55
24. Butternut Skuasy Cheeseball dan Papan Keju............58
25. Lembaga Charcuterie Layak Makan Malam..............61
26. Papan Keju Lebih Ringan...63
27. Papan Fondue Keju...65
28. The Ultimate Burrata Cheese Board...........................68

29. Pinggan Pembuka selera Salmon Asap...........................70
30. Pinggan Mezze Mediterranean.................................72
31. Lembaga Charcuterie Midwest.................................74
32. The Ultimate Breakfast Board................................76
33. Papan Keju Musim Bunga......................................78
34. Lembaga Charcuterie Vegan...................................80
35. Chocolate Charcuterie Board.................................82
36. Candy Land 'Jarcuterie'.....................................84
37. Papan Pencuci Mulut dengan Truffle Coklat Cranberry 86
38. Sarapan Pagi Charcuterie Board..............................89
39. S'Mores Charcuterie Board...................................91
40. Burger Charcuterie Board....................................93
41. Papan Charcuterie Goreng Perancis...........................95
42. Papan Charcuterie Malam Filem Popcorn.......................97
43. Papan Cili Charcuterie......................................99
44. Taco Night Charcuterie Board...............................101
45. Papan Charcuterie Fondue Coklat yang sedap.................103
46. Papan Charcuterie Wings Panas..............................105
47. Papan Charcuterie Majlis Hari Lahir yang Meriah dan Berwarna-warni..107
48. Papan Charcuterie Pencuci Mulut Krismas....................109
49. Movie Night Charcuterie Board..............................112
50. Papan Pencuci Mulut Valentine..............................114
51. Papan Charcuterie Paskah...................................116
BABI CHARCUTERIE..118
52. Capicola...119
53. Ham yang Diubati Kering....................................122
54. Bacon yang disembuhkan.....................................124
55. Lada pedas...126
56. Pancetta...129
57. Prosciutto...132
58. Guanciale..134
59. Cawan..136
60. Lardo..138

61. Soppressata	140
62. Bresaola	142
63. Chorizo	144
64. Jamón	146
65. Culatello	148
66. Mortadella	150
67. Bacon	153
68. Nduja	155
69. Sobrasada	157
70. Culaccia	159
71. Lonza	161
72. Bierwurst	163
73. Kabanos	166
74. Lonzino	168
75. peluru itu	170
76. Ciauscolo	173
77. Kunchiang	176
DAGING LEMBU CHARCUTERY	**179**
78. Bresaola Kering Udara	180
79. Wagyu Beef Bresaola	183
80. Daging Korned	185
81. Bündnerfleisch	188
82. Pastrami	191
83. Biltong	193
84. Daging lembu Pancetta	195
85. Salami daging lembu	197
86. Bologna	199
AYAM CHARCUTERIE	**203**
87. Itik Prosciutto	204
88. Itik Dia	207
89. Pastrami ayam	209
90. Daging Turki	211
91. Sosej Ayam	214
92. Ayam Jagung	217
IKAN CHARCUTERY DAN MAKANAN LAUT	**220**

93. Gravlax / Gravlax..221
94. Udang Awet...223
95. ham salmon..225
96. Ikan Sardin Awet...227
97. Ikan tenggiri yang telah sembuh..............................229
98. Kerang Diubati...231
99. Ikan Todak Diubati..233
100. Telur Ikan Trout (Kaviar)....................................235
KESIMPULAN...237

PENGENALAN

Selamat datang ke dunia ragut yang menghiburkan dan lazat—sebuah alam tempat papan charcuterie dan pinggan mangkuk menjadi tumpuan utama, memikat tetamu dengan susunan berseni dan kepelbagaian yang menyelerakan. Dalam buku masakan ini, kami menjemput anda untuk memulakan perjalanan kulinari yang meraikan seni membuat sajian yang menakjubkan dan lazat, dipenuhi dengan pelbagai jenis daging diawet, keju artisanal, iringan yang menggoda dan banyak lagi.

Papan dan pinggan Charcuterie menawarkan cara yang unik dan menarik untuk berhibur, sama ada anda menganjurkan perhimpunan intim, acara perayaan atau sekadar menikmati hidangan istimewa untuk diri sendiri. Dalam halaman ini, anda akan menemui koleksi resipi, petua dan inspirasi untuk membantu anda mencipta paparan yang menakjubkan yang akan menarik perhatian dan menggembirakan tetamu anda.

Kami akan membimbing anda melalui proses memilih charcuterie berkualiti terbaik, menggandingkannya dengan keju pelengkap dan menyusun pelbagai hidangan iringan yang lazat. Daripada buah-buahan bermusim dan saus yang lazat kepada roti berkerak dan sajian yang lazat, kami akan menunjukkan kepada anda cara mencipta kombinasi rasa harmoni yang akan meninggalkan kesan yang berkekalan.

Bersedia untuk menyedarkan penghibur dalaman anda dan merangkul kegembiraan berkumpul dan merumput. Dengan sentuhan kreativiti dan taburan kehalusan masakan, anda akan dapat mencipta papan dan pinggan charcuterie yang menakjubkan yang bukan sahaja memenuhi selera tetapi juga berfungsi sebagai pusat untuk detik-detik keseronokan yang tidak dapat dilupakan.

PAPAN & PINGGAN CHARCUTERIE

1.Papan Charcuterie Klasik

BAHAN-BAHAN:
- Pelbagai daging diawet (seperti prosciutto, salami dan coppa)
- Kepelbagaian keju (seperti cheddar, brie, dan keju biru)
- Buah zaitun dan jeruk
- Aneka keropok dan roti
- Buah-buahan segar (anggur, buah tin dan beri)
- Kacang (badam, walnut, dan gajus)
- Dips (hummus, mustard, dan chutney)

ARAHAN:
a) Susun papan atau pinggan kayu yang besar.
b) Gulung atau lipat daging yang telah diawetkan dan letakkannya di atas papan.
c) Potong keju menjadi kepingan bersaiz gigitan dan susunkannya di atas papan.
d) Tambah buah zaitun, jeruk, dan celup ke papan.
e) Isi ruang kosong dengan keropok, roti, buah-buahan segar dan kacang.
f) Hidangkan dan nikmati!

2.Pinggan Mezze Mediterranean

BAHAN-BAHAN:
- Hummus
- Sos Tzatziki
- Baba ghanoush
- Roti pita atau kerepek pita
- bola falafel
- Daun anggur
- tomato ceri
- Hirisan timun
- buah zaitun Kalamata
- Keju feta
- Minyak zaitun dan hirisan lemon (untuk gerimis)

ARAHAN:
a) Susun pinggan atau dulang.

b) Letakkan mangkuk hummus, sos tzatziki, dan baba ghanoush di atas pinggan.

c) Masukkan roti pita atau kerepek pita di sekeliling mangkuk.

d) Susun bebola falafel, daun anggur, tomato ceri, hirisan timun dan buah zaitun Kalamata di atas pinggan.

e) Hancurkan keju feta di atas.

f) Tuangkan minyak zaitun dan perahkan hirisan lemon di atas pinggan.

g) Hidangkan dan nikmati!

3.Piring Antipasto Itali

BAHAN-BAHAN:
- Prosciutto yang dihiris
- Soppressata yang dihiris
- Mortadella yang dihiris
- Hati articok yang diperap
- Lada merah panggang yang diperap
- Tomato kering matahari
- Bocconcini (bola mozzarella kecil)
- Breadsticks
- Grissini (batang roti dibalut dengan prosciutto)
- Serbuk keju Parmesan
- Balsamic glaze (untuk gerimis)

ARAHAN:
a) Susun pinggan atau papan.
b) Letakkan daging yang dihiris di atas pinggan, gulungkannya jika mahu.
c) Masukkan hati articok yang diperap, lada merah panggang, dan tomato kering matahari ke dalam pinggan.
d) Letakkan bocconcini dan roti di atas pinggan.
e) Taburkan serpihan keju Parmesan di atas pinggan.
f) Gerimis balsamic glaze ke atas bahan-bahan.
g) Hidangkan dan nikmati!

4.Piring Charcuterie yang diinspirasikan oleh Asia

BAHAN-BAHAN:

- Daging babi panggang yang dihiris atau daging babi barbeku Cina
- Itik panggang yang dihiris
- potong dia
- Sosej ala Asia
- Sos soya
- Sos Hoisin
- Sayur acar (lobak merah, daikon, dan timun)
- Roti kukus atau daun salad
- Sriracha atau sos cili (pilihan)

ARAHAN:

a) Susun pinggan atau dulang.
b) Letakkan daging yang dihiris di atas pinggan.
c) Hidangkan kicap dan sos hoisin dalam mangkuk kecil untuk dicelup.
d) Susun sayur jeruk di atas pinggan.
e) Hidangkan roti kukus atau daun salad di sebelah.
f) Secara pilihan, sediakan Sriracha atau sos cili untuk menambah rempah.
g) Hidangkan dan nikmati!

5.Charcuterie berinspirasikan Perancis

BAHAN-BAHAN:

- Pelbagai daging diawet (seperti saucisson, jambon de Bayonne, pâté atau rillettes)
- Keju Perancis (seperti Brie, Camembert, Roquefort, atau Comté)
- Kepingan baguette atau roti Perancis
- Cornichons (acar kecil)
- mustard Dijon
- Zaitun (seperti Niçoise atau Picholine)
- Anggur atau buah ara yang dihiris
- Walnut atau badam
- Herba segar (seperti pasli atau thyme) untuk hiasan

ARAHAN:

a) Pilih papan atau pinggan kayu yang besar untuk menyusun charcuterie inspirasi Perancis anda.

b) Mulakan dengan menyusun daging yang diawetkan di atas papan. Gulung atau lipat dan letakkannya dalam corak yang menarik.

c) Potong keju Perancis ke dalam kepingan atau baji dan susunkannya bersama daging yang telah diawetkan.

d) Tambahkan timbunan hirisan baguette atau roti Perancis pada papan, menyediakan iringan klasik untuk daging dan keju.

e) Letakkan semangkuk kecil mustard Dijon di atas papan untuk dicelup atau disapukan pada roti.

f) Tambah semangkuk cornichon, yang merupakan jeruk tradisional Perancis, untuk melengkapkan rasa charcuterie.

g) Taburkan pelbagai buah zaitun di atas papan, mengisi sebarang ruang yang tinggal.

h) Letakkan gugusan anggur segar atau buah ara yang dihiris di sekeliling papan, menambah sentuhan manis.

i) Taburkan walnut atau badam di seluruh papan untuk menambah tekstur dan rasa.

j) Hiaskan papan dengan herba segar untuk sentuhan akhir.

k) Hidangkan papan charcuterie yang diilhamkan Perancis sebagai pembuka selera atau hidangan tengah di majlis anda, membolehkan tetamu menikmati gabungan rasa dan tekstur yang menarik.

6.Papan Keju Wanderlust

BAHAN-BAHAN:
Pelbagai keju dari kawasan yang berbeza (seperti French Brie, Parmesan Itali, Manchego Sepanyol atau Swiss Gruyère)
Pelbagai daging diawet (seperti prosciutto, salami atau chorizo)
Aneka roti dan keropok
Buah-buahan kering (seperti buah tin, aprikot, atau kurma)
Kacang (seperti badam, walnut, atau gajus)
Zaitun atau sayur perap
Madu atau buah awet untuk disiram
Herba segar untuk hiasan

ARAHAN:
Susun pelbagai keju di atas papan keju atau pinggan, kumpulkan mengikut kawasan.
Letakkan pelbagai jenis daging yang diawet bersama keju.
Tambahkan pelbagai jenis roti dan keropok ke papan untuk dinikmati tetamu dengan keju dan daging.
Taburkan buah-buahan kering dan kacang di sekeliling papan untuk menambah tekstur dan rasa.
Tambah buah zaitun atau sayur-sayuran yang diperap untuk unsur masam dan berair.
Siramkan madu atau sudu buah yang disimpan di atas keju untuk sentuhan manis.
Hiaskan dengan herba segar untuk menambah kesegaran dan daya tarikan visual.
Hidangkan dan nikmati!

7.Papan Snek Charcuterie Musim Panas

BAHAN-BAHAN:
- Aneka buah-buahan yang dihiris (seperti tembikai, cantaloupe, atau nanas)
- Pelbagai hirisan sayur-sayuran (seperti timun, lada benggala, atau tomato ceri)
- Beri segar (seperti strawberi, beri biru atau raspberi)
- Aneka kiub atau hirisan keju
- Aneka keropok atau roti
- Hummus atau saus sayuran
- Aneka kacang atau campuran jejak
- Herba segar untuk hiasan

ARAHAN:
a) Susun aneka buah-buahan yang dihiris di atas papan atau pinggan hidangan yang besar.
b) Letakkan hirisan sayur-sayuran dan buah beri segar di samping buah-buahan.
c) Tambah pelbagai kiub keju atau hirisan pada papan untuk mendapatkan unsur yang enak.
d) Sediakan pelbagai keropok atau roti untuk dinikmati tetamu bersama buah-buahan dan keju.
e) Hidangkan hummus atau celup sayuran dalam hidangan kecil untuk mencelup sayur-sayuran.
f) Taburkan pelbagai jenis kacang atau campuran jejak di sekeliling papan untuk rasa rangup dan rasa tambahan.
g) Hiaskan dengan herba segar untuk menambah kesegaran dan daya tarikan visual.
h) Hidangkan dan nikmati!

8. Papan Keju Pembuka selera Antipasto

BAHAN-BAHAN:
- Pelbagai daging diawet (seperti prosciutto, salami atau capicola)
- Pelbagai keju (seperti mozzarella, provolone atau Asiago)
- Hati articok yang diperap
- Buah zaitun yang diperap
- Lada merah panggang
- Sayuran panggang atau diperap (seperti zucchini atau terung)
- Aneka roti atau roti
- Balsamic glaze atau pengurangan untuk gerimis
- Basil segar atau pasli untuk hiasan

ARAHAN:
a) Susun pelbagai jenis daging yang diawetkan di atas papan atau pinggan hidangan yang besar.
b) Letakkan pelbagai keju bersama daging.
c) Masukkan hati articok yang diperap, buah zaitun yang diperap dan lada merah panggang ke papan.
d) Sertakan sayuran panggang atau diperap untuk menambah rasa dan variasi.
e) Sediakan pelbagai jenis roti atau kayu roti untuk dinikmati tetamu dengan daging dan keju.
f) Siram balsamic glaze atau pengurangan ke atas bahan-bahan untuk sentuhan pedas dan manis.
g) Hiaskan dengan selasih atau pasli segar untuk menambah kesegaran dan daya tarikan visual.
h) Hidangkan dan nikmati!

9. Maple Cream dan Apple Baked Brie Board

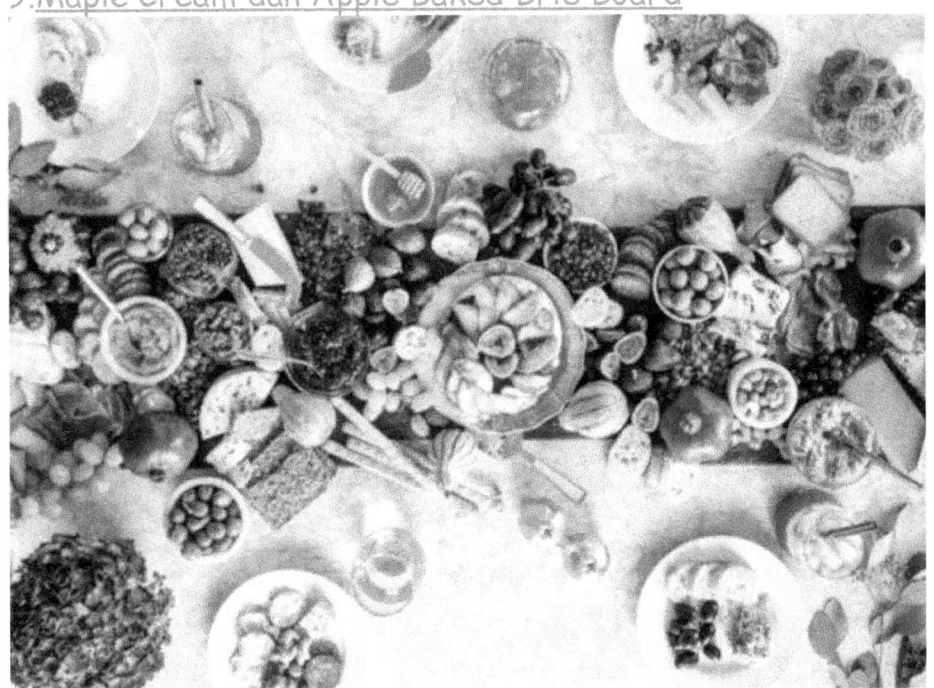

BAHAN-BAHAN:

roda keju Brie
Krim maple atau sirap maple
Epal yang dihiris
Aneka keropok atau roti
Kacang (seperti pecan atau walnut)
Tangkai rosemary segar untuk hiasan

ARAHAN:

Panaskan ketuhar anda hingga 350°F (175°C).
Letakkan roda keju Brie di atas loyang yang dialas dengan kertas parchment.
Siram krim maple atau sirap maple di atas keju Brie.
Bakar dalam ketuhar yang telah dipanaskan selama kira-kira 10-12 minit, atau sehingga keju lembut dan melekit.
Keluarkan dari ketuhar dan biarkan ia sejuk sedikit.
Susun hirisan epal di sekeliling Brie yang dibakar di atas papan hidangan atau pinggan.
Tambah pelbagai keropok atau roti untuk dinikmati tetamu dengan keju dan epal.
Taburkan kacang di sekeliling papan untuk menambah kerangupan dan rasa.
Hiaskan dengan tangkai rosemary segar untuk menambah kesegaran dan daya tarikan visual.
Hidangkan dan nikmati!

10. Fall Charcuterie Board dengan Honey Brie, Figs dan Rosemary

BAHAN-BAHAN:
Lada Hitam-Keju Brie Madu
Buah tin segar
Tangkai rosemary segar
Aneka keropok dan roti
Prosciutto atau daging awet lain
Kacang campuran (seperti walnut atau pecan)
Madu untuk gerimis

ARAHAN:
Susun keju Black Pepper-Honey Brie di tengah papan.
Letakkan buah ara segar di sekeliling keju.
Taburkan tangkai rosemary segar di atas papan untuk hiasan.
Susun keropok dan roti di sekeliling keju dan buah ara.
Gulungkan prosciutto atau daging awet lain dan letakkannya di atas papan.
Tambah kacang campuran ke papan untuk rangup dan rasa tambahan.
Tuangkan madu ke atas buah tin dan keju.
Hidangkan dan nikmati!

11.Papan Salad Prosciutto dan Ara

BAHAN-BAHAN:
Sayur salad campur
Buah tin segar, dihiris
Prosciutto, dihiris nipis
Keju kambing atau keju biru, hancur
Kacang kenari atau pecan
Balsamic glaze atau pengurangan balsamic

ARAHAN:
Susun sayur salad campuran di atas papan hidangan atau pinggan yang besar.
Taburkan buah ara segar yang dihiris di atas sayur-sayuran.
Letakkan prosciutto yang dihiris nipis di atas buah ara dan sayur-sayuran.
Taburkan keju kambing yang hancur atau keju biru di atas salad.
Taburkan kacang kenari atau pecan di atasnya.
Gerimis balsamic glaze atau balsamic reduction ke atas salad.
Hidangkan dan nikmati!

12. Papan Buah-buahan

BAHAN-BAHAN:

Pelbagai buah-buahan segar (oak, anggur, beri, tembikai, nanas, dll.)
Buah-buahan kering (oak, aprikot, kurma, buah tin, dll.)
Aneka kacang (oak, badam, gajus, pistachio, dll.)
Madu atau celup buah untuk dihidangkan

ARAHAN:

Basuh dan sediakan buah-buahan segar, potong buah-buahan yang lebih besar kepada kepingan bersaiz gigitan.
Susun buah-buahan segar di atas papan hidangan atau pinggan yang besar.
Letakkan mangkuk kecil atau ramekin di atas papan untuk menyimpan buah-buahan kering dan kacang.
Isi mangkuk dengan buah-buahan kering dan kacang, buat kelompok yang berasingan.
Tuangkan madu ke atas buah segar atau hidangkan dalam hidangan kecil bersama.
Hidangkan dan nikmati!

13. Pinggan Keju Terbaik dengan Anggur Panggang

BAHAN-BAHAN:
- Pelbagai keju (seperti Brie, cheddar, gouda, keju biru, dll.)
- Anggur panggang (lihat arahan di bawah)
- Aneka keropok dan roti
- Kacang (seperti badam, walnut, atau pecan)
- Madu atau pengawet buah untuk dihidangkan

ARAHAN:

UNTUK ANGGUR PAKAR:

a) Panaskan ketuhar anda hingga 400°F (200°C).

b) Letakkan sekumpulan anggur tanpa biji pada lembaran pembakar yang dialas dengan kertas minyak.

c) Lumurkan anggur dengan sedikit minyak zaitun dan taburkan garam.

d) Panggang anggur dalam ketuhar yang telah dipanaskan selama kira-kira 15-20 minit, atau sehingga ia menjadi sedikit berkedut dan karamel.

e) Keluarkan anggur dari ketuhar dan biarkan ia sejuk sebelum menambahnya ke dalam pinggan keju.

UNTUK PINGGAN KEJU:

f) Susun pelbagai keju di atas papan keju atau pinggan.

g) Letakkan anggur panggang bersama keju.

h) Tambahkan keropok dan roti pada papan, menyediakan pelbagai tekstur dan perisa.

i) Taburkan kacang di sekeliling keju untuk rangup tambahan.

j) Hidangkan madu atau pengawet buah dalam hidangan kecil untuk tetamu menyiram keju.

k) Hidangkan dan nikmati!

14.Papan Tapas Sepanyol

BAHAN-BAHAN:

Daging diawet yang dihiris (seperti chorizo, Serrano ham, atau salami)
Keju Manchego, dihiris
Buah zaitun yang diperap
Hati articok yang diperap
Lada merah panggang
Tortilla Sepanyol (kentang dan telur dadar, dihiris kecil)
Roti atau hirisan baguette
Sapukan tomato dan bawang putih (seperti topping tomato bruschetta)
Badam Sepanyol atau kacang lain

ARAHAN:

Susun daging yang telah dihiris di atas papan atau pinggan hidangan yang besar.
Letakkan keju Manchego yang dihiris bersama daging.
Susun buah zaitun yang diperap, hati articok yang diperap dan lada merah panggang dalam kelompok berasingan di atas papan.
Masukkan hirisan tortilla Sepanyol ke papan.
Letakkan roti atau hirisan baguette di sebelah bahan-bahan lain.
Hidangkan tomato dan bawang putih dalam hidangan kecil di sebelah papan.
Taburkan badam Sepanyol atau kacang lain di sekeliling papan untuk rasa rangup tambahan.
Hidangkan dan nikmati!

15. Lembaga Keju Presiden

BAHAN-BAHAN:

Pelbagai keju (seperti cheddar tua, Gruyère, keju kambing, dsb.)

Daging diawet yang dihiris (seperti prosciutto, salami, atau coppa)

Keropok dan roti

Buah-buahan segar dan kering (seperti anggur, epal yang dihiris, aprikot kering, dll.)

Aneka kacang (seperti badam, pecan atau hazelnut)

Chutney atau pengawet buah untuk dihidangkan

ARAHAN:

Susun pelbagai keju di atas papan keju atau pinggan.

Letakkan hirisan daging yang diawet bersama keju.

Tambah keropok dan batang roti pada papan, menyediakan pelbagai bentuk dan perisa.

Susun buah-buahan segar dan kering di sekeliling keju dan daging.

Taburkan pelbagai kacang di sekeliling papan untuk menambah tekstur.

Hidangkan chutney atau awet buah dalam hidangan kecil untuk dinikmati tetamu dengan keju.

Hidangkan dan nikmati!

16. Brunch Board

BAHAN-BAHAN:
Aneka bagel atau croissant
Salmon salai atau lox
Keju krim
Potong tomato dan timun
Hiris bawang merah
Kaper
Dill segar
Buah-buahan segar (seperti beri, tembikai, atau anggur)
Yogurt atau madu untuk dihidangkan

ARAHAN:
Susun pelbagai bagel atau croissant di atas papan hidangan atau pinggan yang besar.
Sapukan krim keju pada bagel atau croissant.
Lapiskan salmon salai atau lox di atas keju krim.
Letakkan hirisan tomato, timun, dan bawang merah di atas papan.
Taburkan caper dan dill segar di atas salmon.
Tambahkan buah segar pada papan untuk unsur yang menyegarkan.
Hidangkan yogurt atau madu dalam hidangan kecil untuk dinikmati tetamu bersama buah.
Hidangkan dan nikmati!

17. Pinggan Daging dan Keju

BAHAN-BAHAN:
- Pelbagai daging diawetkan (seperti prosciutto, salami, pepperoni atau ham)
- Pelbagai keju (seperti cheddar, Swiss, provolone, atau bicu lada)
- Aneka jeruk dan/atau buah zaitun
- Mustard atau mustard madu untuk mencelup
- Roti yang dihiris atau keropok

ARAHAN:
a) Susun pelbagai jenis daging yang diawetkan di atas papan atau pinggan hidangan yang besar.
b) Letakkan pelbagai keju bersama daging.
c) Tambah pelbagai acar dan/atau buah zaitun ke papan.
d) Hidangkan mustard atau mustard madu dalam hidangan kecil untuk dicelup.
e) Sediakan hirisan roti atau keropok untuk dinikmati tetamu bersama daging dan keju.
f) Hidangkan dan nikmati!

18. Papan Keju dan Charcuterie

BAHAN-BAHAN:

Pelbagai keju (seperti Gouda, Brie, keju kambing atau keju biru)

Pelbagai daging diawet (seperti prosciutto, salami atau chorizo)

Pelbagai buah-buahan (seperti anggur, epal yang dihiris, atau pear)

Aneka kacang (seperti badam, gajus atau walnut)

Keropok dan roti

Madu atau pengawet buah untuk dihidangkan

ARAHAN:

Susun pelbagai keju di atas papan keju atau pinggan.

Letakkan pelbagai jenis daging yang diawet bersama keju.

Tambah pelbagai buah-buahan ke papan untuk unsur segar dan manis.

Taburkan pelbagai kacang di sekeliling papan untuk menambah tekstur.

Susun keropok dan batang roti dalam kelompok yang berasingan.

Hidangkan madu atau pengawet buah dalam hidangan kecil untuk dinikmati tetamu dengan keju.

Hidangkan dan nikmati!

19. Papan Keju Musim Sejuk

BAHAN-BAHAN:
Pelbagai keju (seperti Brie, Gouda tua, keju biru atau Camembert)
Kacang panggang (seperti pecan, walnut, atau hazelnut)
Buah-buahan kering (seperti cranberi, aprikot, atau buah tin)
Pear atau epal yang dihiris
Madu atau buah awet untuk disiram
Keropok dan roti

ARAHAN:
Susun pelbagai keju di atas papan keju atau pinggan.
Taburkan kacang panggang ke atas keju.
Letakkan buah-buahan kering di sekeliling keju untuk unsur manis dan kenyal.
Tambah pir atau epal yang dihiris ke papan.
Siramkan madu atau sudu buah awet ke atas keju dan buah-buahan.
Susun keropok dan roti bersama bahan-bahan lain.
Hidangkan dan nikmati!

20. Papan Buah-buahan Manis-Masin

BAHAN-BAHAN:
Pelbagai buah-buahan segar (seperti strawberi, nanas, kiwi atau mangga)
Pelbagai daging diawet (seperti prosciutto, ham atau ayam belanda)
Pelbagai keju (seperti Gouda, Cheddar atau Havarti)
Aneka kacang (seperti badam, gajus atau pistachio)
Coklat gelap atau buah bersalut coklat
Madu atau sirap maple untuk gerimis

ARAHAN:
Susun pelbagai buah-buahan segar di atas papan atau pinggan hidangan yang besar.
Lapiskan daging yang telah diawetkan di atas buah-buahan.
Letakkan pelbagai keju bersama buah-buahan dan daging.
Taburkan pelbagai kekacang di sekeliling papan untuk menambahkan kerangupan.
Tambah coklat gelap atau buah bersalut coklat untuk rasa manis.
Siramkan madu atau sirap maple ke atas buah-buahan dan keju.
Hidangkan dan nikmati!

21. Papan Keju Berinspirasikan Sepanyol

BAHAN-BAHAN:
Keju Manchego, dihiris
Dihiris chorizo atau salami Sepanyol
Buah zaitun yang diperap
Badam Marcona
Lada merah panggang
Roti atau hirisan baguette
Sapukan tomato dan bawang putih

ARAHAN:
Susun keju Manchego yang dihiris di atas papan atau pinggan hidangan yang besar.
Letakkan chorizo atau salami Sepanyol yang dihiris bersama keju.
Susun buah zaitun yang diperap dan badam Marcona dalam kelompok berasingan di atas papan.
Tambah lada merah panggang pada papan untuk unsur yang bersemangat dan berperisa.
Letakkan roti atau hirisan baguette di sebelah bahan-bahan lain.
Hidangkan tomato dan bawang putih dalam hidangan kecil di sebelah papan.
Hidangkan dan nikmati!

22.Roti Leper Papan Charcuterie

BAHAN-BAHAN:

Doh roti rata atau pizza yang dibeli di kedai
Minyak zaitun
Pelbagai daging diawet (seperti prosciutto, salami atau coppa)
Pelbagai keju (seperti mozzarella, Gorgonzola, atau fontina)
Sayur-sayuran yang dihiris (seperti lada benggala, bawang merah, atau tomato ceri)
Herba segar (seperti basil atau arugula)

ARAHAN:

Panaskan ketuhar anda pada suhu yang disyorkan pada bungkusan roti rata atau doh pizza.
Canai roti rata atau regangkan doh pizza mengikut ketebalan yang anda inginkan.
Sapu minyak zaitun ke atas roti rata atau doh pizza.
Lapiskan pelbagai daging dan keju yang diawetkan di atas roti rata atau doh pizza.
Masukkan hirisan sayur-sayuran di atas daging dan keju.
Bakar roti rata atau pizza mengikut arahan pakej sehingga kerak keemasan dan keju telah cair.
Keluarkan dari ketuhar dan taburkan herba segar di atasnya.
Potong roti rata atau pizza menjadi kepingan yang lebih kecil, jika mahu.
Hidangkan dan nikmati!

23. Charcuterie Board dengan Bacon-Onion Jam

BAHAN-BAHAN:
- Pelbagai daging diawet (seperti prosciutto, salami atau soppressata)
- Pelbagai keju (seperti Brie, Camembert atau keju kambing)
- Keropok dan roti
- Jem Bacon-bawang (lihat arahan di bawah)
- Herba segar untuk hiasan

ARAHAN:
UNTUK jem BACON-ONION:
a) Masak beberapa keping bacon dalam kuali sehingga garing.
b) Keluarkan bacon dari kuali dan ketepikan untuk menyejukkan.
c) Dalam kuali yang sama, tumis bawang besar yang dihiris sehingga karamel dan perang keemasan.
d) Potong bacon yang dimasak menjadi kepingan kecil.
e) Satukan daging cincang dengan bawang karamel dan gaul rata.
f) Biarkan jem bacon-bawang sejuk sebelum menggunakannya pada papan charcuterie.

UNTUK LEMBAGA CHARCUTERIE :
g) Susun pelbagai jenis daging yang diawetkan di atas papan atau pinggan hidangan yang besar.
h) Letakkan pelbagai keju bersama daging.
i) Tambahkan keropok dan roti pada papan, menyediakan pelbagai tekstur dan perisa.
j) Sendukkan jem bacon-bawang ke atas papan.
k) Hiaskan dengan herba segar untuk menambah kesegaran dan daya tarikan visual.

l) Hidangkan dan nikmati!

24. Butternut Skuasy Cheeseball dan Papan Keju

BAHAN-BAHAN:
UNTUK BUTTERNUT SQUASH CHEESEBALL
- 8 auns krim keju, dilembutkan
- 1 cawan keju cheddar yang dicincang
- 1/2 cawan labu butternut masak dan tumbuk
- 1/4 cawan pecan atau walnut yang dicincang
- 2 sudu besar herba segar yang dicincang (seperti pasli atau daun bawang)
- Garam dan lada sulah secukup rasa
- Aneka keropok dan roti untuk dihidangkan

ARAHAN:
UNTUK BOLA KEJU BUTTERNUT SQUASH:
a) Dalam mangkuk adunan, satukan keju krim lembut, keju cheddar yang dicincang dan skuasy butternut tumbuk.
b) Kacau dalam pecan cincang atau walnut, herba segar yang dicincang, garam dan lada sulah.
c) Bentukkan adunan menjadi bebola dan sejukkan sekurang-kurangnya 1 jam untuk mengeras.
d) Setelah sejuk, letakkan bebola keju di atas papan charcuterie.
UNTUK PAPAN KEJU:
e) Susun bebola keju di atas papan charcuterie sebagai bahagian tengah.
f) Kelilingi bebola keju dengan pelbagai jenis daging yang diawet, seperti prosciutto atau salami.
g) Tambahkan pelbagai keju pada papan, seperti Gouda, Brie atau keju biru.
h) Letakkan pelbagai jenis keropok dan roti di sebelah daging dan keju.

i) Tambah buah-buahan segar, seperti anggur atau epal yang dihiris, untuk mendapatkan kesegaran.

j) Hidangkan dan nikmati!

25. Lembaga Charcuterie Layak Makan Malam

BAHAN-BAHAN:

Pelbagai daging yang dimasak (seperti ayam panggang, daging lembu panggang yang dihiris, atau sosej panggang)
Pelbagai keju (seperti Gruyère, Fontina atau cheddar lama)
Sayuran panggang (seperti pucuk Brussels, lobak merah, atau ubi keledek)
Celupkan atau sapuan (seperti hummus, aioli, atau taburan bawang putih panggang)
Roti atau hirisan baguette
Pelbagai buah zaitun dan jeruk
Herba segar untuk hiasan

ARAHAN:

Susun pelbagai jenis daging yang dimasak di atas papan atau pinggan hidangan yang besar.
Letakkan pelbagai keju bersama daging.
Tambah sayur-sayuran panggang ke papan untuk unsur yang enak dan berperisa.
Hidangkan saus atau sajian dalam hidangan kecil untuk dinikmati tetamu dengan daging dan keju.
Sediakan roti atau kepingan baguette untuk tetamu membuat sandwic atau crostini.
Taburkan pelbagai buah zaitun dan jeruk di sekeliling papan untuk rasa tambahan.
Hiaskan dengan herba segar untuk menambah kesegaran dan daya tarikan visual.
Hidangkan dan nikmati!

26.Papan Keju Lebih Ringan

BAHAN-BAHAN:
Pelbagai keju ringan atau rendah lemak (seperti Swiss ringan, feta ringan atau mozzarella ringan)
Sayuran segar (seperti tomato ceri, hirisan timun, atau lobak merah bayi)
Celup atau sapuan ringan atau rendah lemak (seperti saus yogurt Yunani atau hummus)
Keropok bijirin penuh atau roti rangup
Buah-buahan segar (seperti anggur atau strawberi yang dihiris)
Kacang (seperti badam atau pistachio)

ARAHAN:
Susun pelbagai keju ringan di atas papan keju atau pinggan.
Letakkan sayur-sayuran segar, seperti tomato ceri dan hirisan timun, di sekeliling keju.
Hidangkan hidangan ringan atau rendah lemak dalam hidangan kecil bersama sayur-sayuran.
Tambah keropok bijirin penuh atau roti rangup pada papan untuk pilihan yang lebih sihat.
Taburkan buah-buahan segar, seperti anggur atau hirisan strawberi, untuk sentuhan manis.
Tambah kacang ke papan untuk tekstur dan rasa tambahan.
Hidangkan dan nikmati!

27. Papan Fondue Keju

BAHAN-BAHAN:
UNTUK FONDUE CHEESE:
- Pelbagai keju untuk fondue (seperti Gruyère, Emmental atau Fontina)
- Wain putih atau sup sayur-sayuran
- Bawang putih, cincang
- Tepung jagung atau tepung
- Pelbagai gayung (seperti kiub roti, sayur-sayuran rebus atau hirisan epal)

ARAHAN
UNTUK FONDUE CHEESE:
a) Parut aneka keju dan ketepikan.
b) Dalam periuk fondue atau periuk, panaskan wain putih atau sup sayur-sayuran di atas api sederhana.
c) Masukkan bawang putih kisar dan biarkan ia masak selama satu minit.
d) Masukkan keju parut secara beransur-ansur, kacau berterusan sehingga cair dan licin.
e) Dalam mangkuk yang berasingan, campurkan tepung jagung atau tepung dengan sedikit air untuk membuat buburan.
f) Masukkan buburan ke dalam adunan keju dan kacau sehingga pekat.
g) Pindahkan fondue keju ke dalam periuk fondue atau biarkan ia hangat dengan api perlahan.
h) Hidangkan dengan pelbagai gayung.
UNTUK PAPAN FONDUE CHEESE:
i) Letakkan periuk fondue keju atau periuk di tengah-tengah papan hidangan yang besar.

j) Susun pelbagai gayung, seperti kiub roti, sayur-sayuran yang dicelur atau hirisan epal, di sekeliling periuk.
k) Sediakan garpu atau lidi fondue untuk tetamu mencelupkan gayung mereka ke dalam fondue keju.
l) Hidangkan dan nikmati!

28. The Ultimate Burrata Cheese Board

BAHAN-BAHAN:
Keju Burrata
Tomato segar, dihiris
Daun selasih segar
Prosciutto atau daging yang diawetkan dihiris
Buah zaitun yang diperap
Sayuran panggang atau panggang
Aneka roti atau roti

ARAHAN:
Susun keju burrata di tengah-tengah papan hidangan besar atau pinggan.
Kelilingi burrata dengan hirisan tomato segar dan daun selasih.
Letakkan prosciutto atau daging yang diawetkan dihiris bersama keju dan tomato.
Tambah buah zaitun yang diperap ke papan untuk rasa masin dan masam.
Sertakan sayur-sayuran panggang atau panggang, seperti zucchini atau lada benggala, untuk unsur hangus dan berasap.
Hidangkan pelbagai jenis roti atau batang roti untuk dinikmati bersama keju dan bahan-bahan lain.
Hidangkan dan nikmati!

29.Pinggan Pembuka selera Salmon Asap

BAHAN-BAHAN:
Kepingan salmon salai
Taburan keju krim atau krim herba
Bawang merah dihiris nipis
Kaper
Lemon wedges
Aneka keropok atau hirisan baguette
Dill segar untuk hiasan

ARAHAN:
Susun hirisan salmon salai di atas pinggan hidangan yang besar.
Letakkan kepingan keju krim atau keju krim herba yang disebarkan bersama salmon.
Taburkan bawang merah dan kaper yang dihiris nipis ke atas salmon dan keju krim.
Perah hirisan lemon di atas salmon untuk menambahkan kecerahan.
Tambah pelbagai keropok atau hirisan baguette untuk dinikmati oleh tetamu bersama salmon.
Hiaskan dengan tangkai dill segar untuk menyerlahkan warna dan rasa.
Hidangkan dan nikmati!

30. Pinggan Mezze Mediterranean

BAHAN-BAHAN:
Hummus
Sos Tzatziki
Falafel
Daun anggur
buah zaitun Kalamata
Keju feta, potong dadu
tomato ceri
Hirisan timun
Roti pita atau kerepek pita

ARAHAN:
Susun sos hummus dan tzatziki dalam mangkuk berasingan di atas pinggan hidangan yang besar.
Letakkan falafel dan daun anggur di samping celup.
Taburkan buah zaitun Kalamata dan keju feta kiub di atas pinggan.
Masukkan tomato ceri dan hirisan timun untuk kesegaran dan rangup.
Hidangkan roti pita atau kerepek pita untuk dicelup dan dicedok.
Hidangkan dan nikmati!

31.Lembaga Charcuterie Midwest

BAHAN-BAHAN:
Pelbagai keju (seperti Colby, Pepper Jack, atau Swiss)
Hirisan sosej musim panas atau batang daging lembu
Aneka acar (seperti acar roti dan mentega atau acar dill)
Mustard atau mustard pedas untuk dicelup
Keropok atau pretzel

ARAHAN:
Susun pelbagai keju di atas papan keju atau pinggan.
Letakkan hirisan sosej musim panas atau batang daging lembu bersama keju.
Tambah pelbagai acar pada papan untuk unsur yang tajam dan rangup.
Hidangkan mustard atau mustard pedas dalam hidangan kecil untuk dicelup.
Sediakan keropok atau pretzel untuk dinikmati tetamu dengan daging dan keju.
Hidangkan dan nikmati!

32. The Ultimate Breakfast Board

BAHAN-BAHAN:
Telur rebus, dihiris
Salmon salai atau lox
Ham atau bacon yang dihiris
Pelbagai keju (seperti cheddar, Gouda, atau keju kambing)
Potong tomato dan timun
Pelbagai buah-buahan segar
Yogurt atau celup buah
Aneka roti atau bagel

ARAHAN:
Susun hirisan telur rebus di atas papan atau pinggan hidangan yang besar.
Letakkan salmon salai atau lox bersama telur.
Tambah ham atau bacon yang dihiris ke papan untuk sentuhan yang enak.
Taburkan pelbagai keju di sekeliling papan untuk variasi.
Letakkan hirisan tomato dan timun untuk kesegaran dan kerangupan.
Tambah buah segar pada papan untuk unsur manis dan menyegarkan.
Hidangkan yogurt atau celup buah-buahan dalam hidangan kecil untuk dinikmati tetamu bersama buah-buahan.
Hidangkan pelbagai jenis roti atau bagel untuk tetamu membuat sandwic sarapan pagi atau roti bakar.
Hidangkan dan nikmati!

33. Papan Keju Musim Bunga

BAHAN-BAHAN:
Pelbagai keju segar (seperti keju kambing, Boursin, atau Camembert)
Strawberi segar, dibelah dua
Lembing asparagus segar, dicelur
Lobak, dihiris nipis
Kacang spring atau kacang snap gula
Madu atau buah awet untuk disiram
Keropok atau hirisan baguette

ARAHAN:
Susun pelbagai keju segar di atas papan keju atau pinggan.
Letakkan separuh strawberi bersama keju.
Masukkan lembing asparagus yang dicelur dan lobak yang dihiris nipis ke papan.
Tabur kacang spring atau kacang snap gula untuk warna dan kesegaran.
Siramkan madu atau sudu pengawet buah ke atas keju dan buah-buahan.
Hidangkan keropok atau hirisan baguette untuk dinikmati tetamu dengan keju dan bahan-bahan lain.
Hidangkan dan nikmati!

34.Lembaga Charcuterie Vegan

BAHAN-BAHAN:
Pelbagai keju vegan (seperti keju gajus, keju badam atau keju kelapa)
Pelbagai hirisan deli vegan atau daging berasaskan tumbuhan
Hummus atau saus vegan
Pelbagai sayur-sayuran mentah (seperti batang lobak merah, hirisan lada benggala, atau tomato ceri)
Zaitun atau sayur perap
Aneka keropok atau kek nasi

ARAHAN:
Susun pelbagai keju vegan di atas papan keju atau pinggan.
Letakkan kepingan deli vegan atau daging berasaskan tumbuhan di samping keju.
Tambah hummus atau saus vegan pada papan untuk unsur berkrim.
Susun sayur-sayuran mentah, seperti batang lobak merah, hirisan lada benggala, atau tomato ceri, di sekeliling papan.
Taburkan buah zaitun atau sayur-sayuran yang diperap untuk menambah rasa.
Sediakan pelbagai keropok atau kek beras untuk dinikmati tetamu dengan keju vegan dan bahan-bahan lain.
Hidangkan dan nikmati!

35. Chocolate Charcuterie Board

BAHAN-BAHAN:
Pelbagai coklat (seperti coklat gelap, coklat susu atau coklat putih)
Buah-buahan bersalut coklat (seperti strawberi, hirisan pisang atau aprikot kering)
Truffle coklat atau bonbon
Aneka kacang (seperti badam, hazelnut atau pistachio)
Pretzel atau biscotti
Buah-buahan segar (seperti anggur atau raspberi)
Sos karamel atau coklat untuk merebus

ARAHAN:
Susun pelbagai coklat di atas papan atau pinggan hidangan yang besar.
Letakkan buah-buahan bersalut coklat bersama coklat.
Tambahkan truffle coklat atau bonbon pada papan untuk hidangan mewah.
Taburkan pelbagai kacang di sekeliling papan untuk tekstur dan rasa tambahan.
Sediakan pretzel atau biscotti untuk dicelup oleh tetamu ke dalam coklat atau dinikmati sendiri.
Tambah buah segar, seperti anggur atau raspberi, untuk unsur yang menyegarkan.
Siram karamel atau sos coklat ke atas coklat dan buah-buahan.
Hidangkan dan nikmati!

36. Candy Land 'Jarcuterie'

BAHAN-BAHAN:
Gula-gula yang pelbagai (seperti beruang bergetah, likuoris, M&M atau kacang jeli)
Pretzel bersalut coklat atau popcorn
Mini marshmallow
Aneka kuih atau batang wafer
Taburan atau kilauan yang boleh dimakan
Balang atau bekas kecil untuk hidangan

ARAHAN:
Isikan setiap balang atau bekas kecil dengan jenis gula-gula yang berbeza.
Letakkan balang atau bekas yang telah diisi di atas papan atau pinggan hidangan yang besar.
Tambah pretzel bersalut coklat atau popcorn ke papan untuk kombinasi manis dan masin.
Taburkan marshmallow mini di sekeliling balang untuk menambah tekstur.
Sediakan pelbagai jenis biskut atau batang wafer untuk dicelup oleh tetamu ke dalam gula-gula atau dinikmati sendiri.
Taburkan papan dengan taburan berwarna-warni atau kilauan yang boleh dimakan untuk sentuhan perayaan.
Hidangkan dan nikmati!

37. Papan Pencuci Mulut dengan Truffle Coklat Cranberry

BAHAN-BAHAN:
UNTUK TRUFFLES COKLAT CRANBERRY:
- 8 auns coklat gelap, dicincang
- 1/2 cawan cranberry kering
- 1/4 cawan krim berat
- Serbuk koko atau gula tepung untuk menggulung

ARAHAN:
UNTUK TRUFFLES COKLAT CRANBERRY:
a) Letakkan coklat gelap yang dicincang dalam mangkuk tahan panas.
b) Dalam periuk, panaskan krim berat dengan api sederhana sehingga ia mula mendidih.
c) Tuangkan krim panas ke atas coklat gelap yang dicincang dan biarkan selama satu minit.
d) Kacau adunan sehingga coklat benar-benar cair dan licin.
e) Masukkan cranberry kering ke dalam adunan coklat dan kacau sehingga sebati.
f) Tutup mangkuk dan sejukkan campuran selama sekurang-kurangnya 2 jam atau sehingga pejal.
g) Setelah sejuk, gunakan sudu atau sudu kecil untuk membahagikan campuran truffle.
h) Gulung setiap bahagian menjadi bebola, kemudian gulung dalam serbuk koko atau gula tepung untuk disalut.
i) Letakkan truffle di atas dulang beralas kertas dan sejukkan sehingga sedia untuk dihidangkan.
UNTUK DESERT BOARD:
j) Susun truffle coklat kranberi di atas papan hidangan besar atau pinggan.

k) Tambahkan pelbagai pencuci mulut lain, seperti biskut mini, buah-buahan bersalut coklat atau kek cawan mini, pada papan.

l) Sediakan pinggan kecil atau serbet untuk tetamu menikmati pencuci mulut.

m) Hidangkan dan nikmati!

38. Sarapan Pagi Charcuterie Board

BAHAN-BAHAN:

Bacon yang dihiris atau sosej sarapan pagi
Telur hancur
Pancake mini atau wafel
Buah-buahan segar yang dihiris (seperti beri, pisang, atau oren)
Yogurt atau madu
Pastri sarapan yang pelbagai (seperti croissant atau muffin)
Sirap maple atau pengawet buah untuk dicelup
Herba segar untuk hiasan

ARAHAN:

Masak bacon atau sosej sarapan mengikut arahan pakej.
Sediakan telur hancur dan biarkan ia hangat.
Susun daging atau sosej yang telah dimasak di atas papan hidangan atau pinggan yang besar.
Letakkan telur hancur dan penkek mini atau wafel bersama bacon atau sosej.
Tambah hirisan buah segar dan mangkuk kecil yogurt atau madu ke papan.
Sertakan pelbagai pastri sarapan untuk kelainan dan kemanisan.
Hidangkan sirap maple atau pengawet buah dalam hidangan kecil untuk dicelup.
Hiaskan dengan herba segar untuk menambah kesegaran dan daya tarikan visual.
Hidangkan dan nikmati!

39. S'Mores Charcuterie Board

BAHAN-BAHAN:
biskut Graham
Marshmallow
Bar coklat (seperti coklat susu atau coklat gelap)
Aneka sapuan (seperti mentega kacang atau Nutella)
hirisan strawberi atau pisang (pilihan)
Kacang panggang (seperti badam atau kacang tanah)
Aneka kuki (seperti roti pendek atau biskut coklat)
Lidi atau kayu untuk memanggang marshmallow

ARAHAN:
Susun keropok graham, marshmallow dan bar coklat di atas papan hidangan atau pinggan yang besar.
Letakkan pelbagai taburan, hirisan strawberi atau pisang, dan kacang panggang bersama keropok, marshmallow dan coklat.
Tambah pelbagai jenis kuki pada papan untuk rasa manis dan tekstur tambahan.
Sediakan lidi atau kayu untuk tetamu membakar marshmallow.
Biarkan tetamu mencipta S'mores mereka sendiri dengan melapisi marshmallow panggang, coklat dan taburan antara keropok graham.
Hidangkan dan nikmati!

40. Burger Charcuterie Board

BAHAN-BAHAN:

Patty burger yang pelbagai (seperti daging lembu, ayam belanda atau sayur-sayuran)
Keju yang dihiris (seperti cheddar, Swiss, atau bicu lada)
Aneka roti burger atau bungkus salad
Hiris tomato, bawang, dan jeruk
Pelbagai perasa (seperti sos tomato, mustard atau mayo)
Pelbagai topping (seperti bacon, alpukat, atau bawang karamel)
Kentang goreng atau kentang goreng
Sos pencicah (seperti sos tomato, aioli atau sos barbeku)

ARAHAN:

Masak patties burger mengikut pilihan anda (dibakar, digoreng atau dibakar).
Letakkan roti burger yang telah dimasak dan hirisan keju di atas papan atau pinggan hidangan yang besar.
Susun roti burger atau bungkus salad bersama-sama patties dan keju.
Letakkan hirisan tomato, bawang dan jeruk di atas papan untuk tetamu menyesuaikan burger mereka.
Sediakan pelbagai perasa dan topping untuk tetamu menambah burger mereka.
Hidangkan kentang goreng atau kentang goreng di tepi papan.
Sediakan sos pencicah untuk kentang goreng.
Hidangkan dan nikmati!

41.Papan Charcuterie Goreng Perancis

BAHAN-BAHAN:

Pelbagai jenis kentang goreng (seperti kentang goreng bertali pendek, kentang goreng kerinting atau kentang goreng manis)

Pelbagai sos pencicah (seperti sos tomato, aioli, sos barbeku atau sos keju)

Keju yang dihiris (seperti cheddar atau Gruyère)

Bacon rangup atau bacon bit

Hirisan jalapeño atau lada jeruk

Bawang karamel

Herba segar untuk hiasan

ARAHAN:

Masak kentang goreng mengikut arahan pakej atau buat dari awal.

Susun kentang goreng yang telah dimasak di atas papan hidangan atau pinggan yang besar.

Letakkan pelbagai sos pencicah dalam hidangan kecil di sekeliling papan.

Masukkan hirisan keju, bacon rangup atau potongan daging, jalapeño yang dihiris atau lada jeruk, dan bawang karamel ke papan untuk menambah rasa dan variasi.

Hiaskan dengan herba segar untuk menambah kesegaran dan daya tarikan visual.

Hidangkan dan nikmati!

42. Papan Charcuterie Malam Filem Popcorn

BAHAN-BAHAN:

Pelbagai perisa popcorn (seperti mentega, karamel atau keju)

Pelbagai perasa popcorn (seperti ladang, barbeku atau gula kayu manis)

Gula-gula coklat atau popcorn bersalut coklat

Aneka kacang (seperti kacang tanah, badam atau gajus)

Pretzel atau batang pretzel mini

Buah-buahan kering (seperti cranberry atau kismis)

Pelbagai snek pawagam (seperti gula-gula, likuoris atau beruang bergetah)

ARAHAN:

Susun pelbagai perisa popcorn dalam mangkuk yang berasingan di atas papan atau pinggan hidangan yang besar.

Letakkan pelbagai perasa popcorn bersama mangkuk popcorn.

Tambah gula-gula coklat atau popcorn bersalut coklat ke papan untuk hidangan manis.

Taburkan pelbagai jenis kacang, pretzel dan buah-buahan kering di sekeliling papan untuk menambah kerangupan dan rasa.

Sertakan pelbagai snek teater filem, seperti gula-gula, likuoris atau beruang bergetah, untuk sentuhan yang menyeronokkan dan nostalgia.

Hidangkan dan nikmati!

43.Papan Cili Charcuterie

BAHAN-BAHAN:

Cili buatan sendiri atau yang dibeli di kedai (seperti cili daging atau cili vegetarian)
Pelbagai topping (seperti keju parut, krim masam, bawang besar potong dadu atau jalapeño yang dicincang)
Kerepek tortilla atau roti jagung
Avokado atau guacamole yang dihiris
Ketumbar segar atau pasli untuk hiasan

ARAHAN:

Panaskan cili jika menggunakan yang dibeli di kedai atau sediakan cili buatan sendiri.
Letakkan cili dalam periuk besar atau periuk perlahan di atas papan hidangan atau pinggan.
Susun pelbagai topping, seperti keju parut, krim masam, bawang besar yang dipotong dadu atau jalapeño cincang, di sekeliling cili.
Masukkan cip tortilla atau roti jagung ke papan untuk dicelup dan dicedok.
Sertakan hirisan alpukat atau guacamole untuk unsur berkrim dan segar.
Hiaskan dengan daun ketumbar atau pasli segar untuk menambah kesegaran dan daya tarikan visual.
Hidangkan dan nikmati!

44. Taco Night Charcuterie Board

BAHAN-BAHAN:
Pelbagai isi taco (seperti daging lembu yang dikisar, ayam yang dicincang atau sayur-sayuran panggang)
Tortilla (seperti tortilla tepung atau tortilla jagung)
Pelbagai topping (seperti salad cincang, tomato potong dadu, hirisan bawang atau ketumbar cincang)
Jalapeno yang dihiris atau jeruk jalapeño
Guacamole atau hirisan alpukat
Salsa atau sos panas
Krim masam atau yogurt Yunani

ARAHAN:
Masak inti taco mengikut pilihan anda (daging lembu yang dikisar, ayam yang dicincang, atau sayur-sayuran panggang). Letakkan inti taco yang telah dimasak dalam mangkuk yang berasingan di atas papan atau pinggan hidangan yang besar. Susun tortilla dan pelbagai topping, seperti daun salad yang dicincang, tomato yang dipotong dadu, hirisan bawang atau ketumbar cincang, di sekeliling inti.
Tambah jalapeños yang dihiris atau jalapeño jeruk, guacamole atau hirisan alpukat, salsa atau sos panas, dan krim masam atau yogurt Yunani ke papan.
Biarkan tetamu memasang taco mereka sendiri dengan mengisi tortilla dengan inti dan topping yang diingini.
Hidangkan dan nikmati!

45. Papan Charcuterie Fondue Coklat yang sedap

BAHAN-BAHAN:
UNTUK FONDUE COKLAT
- Pelbagai coklat untuk fondue (seperti coklat susu, coklat gelap atau coklat putih)
- Krim atau susu kental
- Pelbagai gayung (seperti buah-buahan, marshmallow, biskut atau pretzel)

ARAHAN:
UNTUK FONDUE COKLAT:
a) Potong aneka coklat menjadi kepingan kecil dan ketepikan.
b) Dalam periuk, panaskan krim berat atau susu di atas api sederhana sehingga ia mula mendidih.
c) Keluarkan periuk dari api dan masukkan coklat cincang.
d) Kacau adunan sehingga coklat benar-benar cair dan licin.
e) Pindahkan fondue coklat ke dalam periuk fondue atau biarkan ia hangat dengan api perlahan.
f) Hidangkan dengan pelbagai gayung.

UNTUK LEMBAGA CHARCUTERIE:
g) Letakkan periuk fondue coklat atau periuk di tengah-tengah papan hidangan besar atau pinggan.
h) Susun pelbagai gayung, seperti buah-buahan, marshmallow, biskut atau pretzel, di sekeliling periuk.
i) Sediakan lidi atau garpu untuk tetamu mencelupkan gayung mereka ke dalam fondue coklat.
j) Hidangkan dan nikmati!

46. Papan Charcuterie Wings Panas

BAHAN-BAHAN:

Kepak ayam bakar atau goreng
Pelbagai rasa sos panas atau sos sayap (seperti kerbau, barbeku atau madu sriracha)
Keju biru atau saus ladang untuk dicelup
Batang lobak merah dan saderi
Aneka jeruk atau sayur jeruk
Aneka keropok atau roti
Pasli segar atau ketumbar untuk hiasan

ARAHAN:

Masak kepak ayam mengikut kesukaan anda (bakar atau goreng).
Toskan sayap yang telah dimasak dalam pelbagai perisa sos panas atau sos sayap.
Susun kepak ayam di atas papan hidangan atau pinggan yang besar.
Letakkan keju biru atau dressing ranch dalam hidangan kecil untuk dicelup.
Masukkan batang lobak merah dan saderi dan pelbagai acar atau sayur jeruk ke papan.
Sediakan pelbagai jenis keropok atau roti untuk dinikmati oleh tetamu dengan sayap dan celup.
Hiaskan dengan pasli segar atau ketumbar untuk menambah kesegaran dan daya tarikan visual.
Hidangkan dan nikmati!

47. Papan Charcuterie Majlis Hari Lahir yang Meriah dan Berwarna-warni

BAHAN-BAHAN:
Pelbagai gula-gula berwarna-warni (seperti beruang bergetah, M&M atau kacang jeli)
Kek cawan mini atau kek pop
Pelbagai biskut atau macaron
Pretzel bersalut coklat atau popcorn
Lidi buah atau kabob buah
Aneka saus (seperti saus coklat atau saus krim keju)
Taburan pelangi atau kilauan yang boleh dimakan untuk hiasan

ARAHAN:
Susun pelbagai gula-gula berwarna-warni dalam mangkuk yang berasingan di atas papan hidangan atau pinggan yang besar.
Letakkan kek cawan mini atau pop kek bersama gula-gula.
Tambah pelbagai jenis biskut atau macaron pada papan untuk kelainan dan kemanisan.
Sertakan pretzel bersalut coklat atau popcorn untuk gabungan masin dan manis.
Lidi buah-buahan segar untuk lidi buah atau buat kabob buah.
Sediakan pelbagai saus, seperti saus coklat atau saus keju krim, untuk dinikmati oleh tetamu dengan buah-buahan dan hidangan lain.
Taburkan taburan pelangi atau kilauan yang boleh dimakan di atas papan untuk sentuhan yang meriah dan berwarna-warni.
Hidangkan dan nikmati!

48. Papan Charcuterie Pencuci Mulut Krismas

BAHAN-BAHAN:

- Pelbagai biskut Krismas (seperti biskut gula, biskut roti halia atau biskut roti pendek)
- Mini cupcakes atau brownies bites
- Kulit pudina atau batang pudina bersalut coklat
- Eggnog atau mousse coklat putih
- Cranberi segar atau biji delima
- Gula-gula rotan atau gula-gula pudina
- Aneka kacang atau campuran jejak dengan perisa percutian (seperti kayu manis atau pala)
- Tangkai pudina segar atau rosemary untuk hiasan

ARAHAN:

a) Susun aneka kuki Krismas di atas papan hidangan atau pinggan yang besar.

b) Letakkan kek cawan mini atau gigitan brownie di sebelah biskut.

c) Tambah kulit pudina atau batang pudina bersalut coklat pada papan untuk hidangan yang meriah dan pudina.

d) Sediakan eggnog atau mousse coklat putih dalam hidangan kecil untuk unsur berkrim dan memanjakan.

e) Taburkan cranberi segar atau biji delima untuk mendapatkan warna dan rasa tajam.

f) Sertakan gula-gula rotan atau gula-gula pudina untuk sentuhan Krismas klasik.

g) Tambah pelbagai jenis kacang atau campuran jejak dengan perisa percutian, seperti kayu manis atau buah pala, ke papan untuk menambah kerangupan dan kehangatan.

h) Hiaskan dengan tangkai pudina segar atau rosemary untuk menambah kesegaran dan daya tarikan visual.

i) Hidangkan dan nikmati!

49. Movie Night Charcuterie Board

BAHAN-BAHAN:
- Popcorn (seperti mentega, karamel atau keju)
- Pelbagai perasa popcorn (seperti ladang, barbeku atau gula kayu manis)
- Gula-gula coklat atau popcorn bersalut coklat
- Aneka kacang (seperti kacang tanah, badam atau gajus)
- Pretzel atau batang pretzel mini
- Buah-buahan kering (seperti cranberry atau kismis)
- Pelbagai snek pawagam (seperti gula-gula, likuoris atau beruang bergetah)

ARAHAN:
a) Susun pelbagai perisa popcorn dalam mangkuk yang berasingan di atas papan atau pinggan hidangan yang besar.
b) Letakkan pelbagai perasa popcorn bersama mangkuk popcorn.
c) Tambah gula-gula coklat atau popcorn bersalut coklat ke papan untuk hidangan manis.
d) Taburkan pelbagai jenis kacang, pretzel dan buah-buahan kering di sekeliling papan untuk menambah kerangupan dan rasa.
e) Sertakan pelbagai snek teater filem, seperti gula-gula, likuoris atau beruang bergetah, untuk sentuhan yang menyeronokkan dan nostalgia.
f) Hidangkan dan nikmati!

50.Papan Pencuci Mulut Valentine

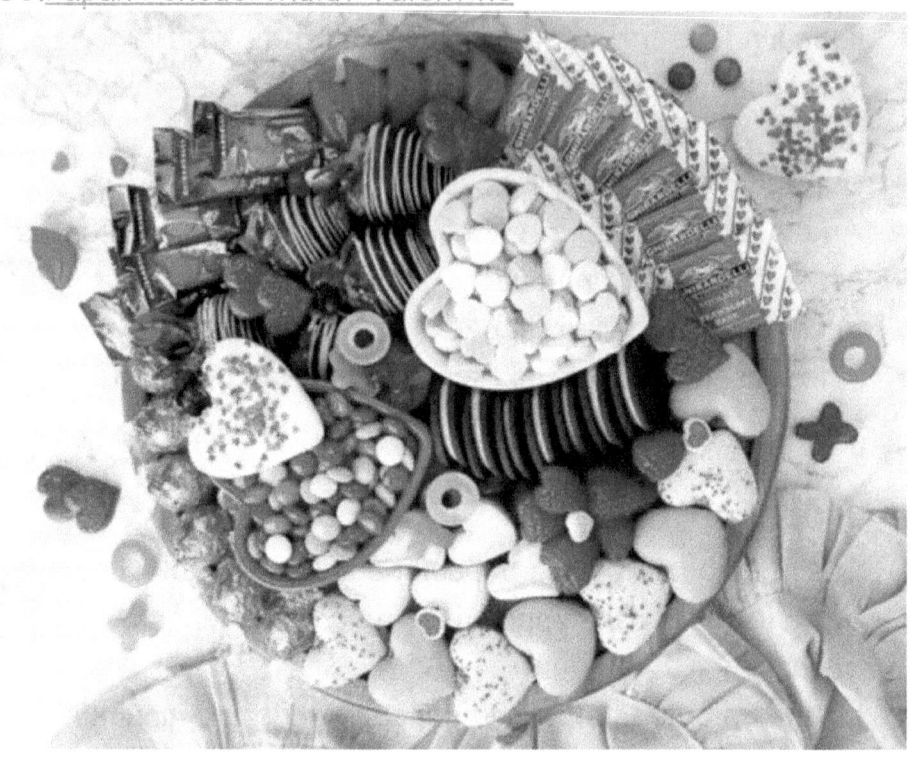

BAHAN-BAHAN:
- Kuki atau brownies berbentuk hati
- Strawberi bersalut coklat
- Kek cawan baldu merah atau kek pop
- Pelbagai coklat atau truffle
- Yogurt strawberi atau raspberi atau celup
- Strawberi segar atau raspberi
- Hati atau ciuman gula-gula merah jambu atau merah
- Taburan atau kilauan yang boleh dimakan untuk hiasan

ARAHAN:
a) Susun biskut atau brownies berbentuk hati di atas papan atau pinggan hidangan yang besar.
b) Letakkan strawberi bersalut coklat bersama biskut atau brownies.
c) Tambahkan kek cawan baldu merah atau kek pop pada papan untuk hidangan yang meriah dan memanjakan.
d) Sertakan pelbagai coklat atau truffle untuk variasi dan kekayaan.
e) Sediakan yogurt strawberi atau raspberi atau celup dalam hidangan kecil untuk dicelup.
f) Taburkan strawberi segar atau raspberi untuk mendapatkan kesegaran dan rasa pedas.
g) Tambahkan hati atau ciuman gula-gula merah jambu atau merah untuk sentuhan romantis.
h) Taburkan taburan atau kilauan yang boleh dimakan di atas papan untuk hiasan tambahan.
i) Hidangkan dan nikmati!

51. Papan Charcuterie Paskah

BAHAN-BAHAN:
- Telur rebus, dicelup dalam warna pastel
- Aneka gula-gula Paskah (seperti kacang jeli, Peeps atau telur coklat)
- Kek cawan mini atau biskut yang dihiasi dengan reka bentuk bertemakan Easter
- Batang lobak merah atau lobak merah bayi
- Pelbagai keju dipotong mengikut bentuk Paskah (seperti arnab atau telur)
- Aneka keropok atau roti
- Herba musim bunga segar atau bunga yang boleh dimakan untuk hiasan

ARAHAN:
a) Susun telur rebus yang telah dicelup di atas papan atau pinggan hidangan yang besar.
b) Letakkan pelbagai gula-gula Paskah bersama telur.
c) Tambahkan kek cawan mini atau biskut yang dihiasi dengan reka bentuk bertemakan Easter pada papan untuk sentuhan manis dan perayaan.
d) Susun batang lobak merah atau lobak bayi dalam bentuk lobak merah di atas papan.
e) Sertakan pelbagai keju yang dipotong mengikut bentuk Paskah, seperti arnab atau telur, untuk menambah selera.
f) Sediakan pelbagai jenis keropok atau roti untuk dinikmati tetamu dengan keju dan hidangan lain.
g) Hiaskan dengan herba musim bunga segar atau bunga yang boleh dimakan untuk menambah kesegaran dan daya tarikan visual.
h) Hidangkan dan nikmati!

BABI CHARCUTERIE

52. Capicola

BAHAN-BAHAN:
- 5 paun bahu babi tanpa tulang
- ½ cawan garam halal
- ¼ cawan gula
- 2 sudu besar lada hitam, ditumbuk
- 2 sudu besar paprika
- 1 sudu besar kepingan lada merah
- 1 sudu besar biji adas, dihancurkan
- 1 sudu besar serbuk bawang putih
- 1 sudu teh garam pengawetan merah jambu (Serbuk Prague #1)

ARAHAN:
a) Dalam mangkuk, satukan garam halal, gula, biji lada hitam yang dihancurkan, paprika, kepingan lada merah, biji adas yang dihancurkan, serbuk bawang putih, dan garam pengawetan merah jambu.

b) Gosokkan adunan secara rata pada bahu babi, pastikan semua bahagian bersalut.

c) Letakkan bahu babi yang telah dibumbui dalam beg besar yang boleh ditutup semula atau bungkusnya dengan ketat dalam bungkus plastik.

d) Sejukkan selama 7-10 hari, balikkan bahu setiap 2 hari untuk mengagihkan campuran pengawetan secara merata.

e) Selepas tempoh pengawetan, keluarkan bahu babi dari beg dan bilas di bawah air sejuk untuk menghilangkan garam dan perasa yang berlebihan.

f) Panaskan perokok anda kepada 200°F (93°C) dan salai capicola selama lebih kurang 6-8 jam sehingga suhu dalaman mencapai 160°F (71°C).

g) Biarkan capicola sejuk, kemudian sejukkannya selama beberapa jam atau semalaman.

h) Hiris capicola nipis-nipis dan nikmati sebagai tambahan berperisa pada sandwic, pinggan antipasto atau papan charcuterie.

53. Ham yang Diubati Kering

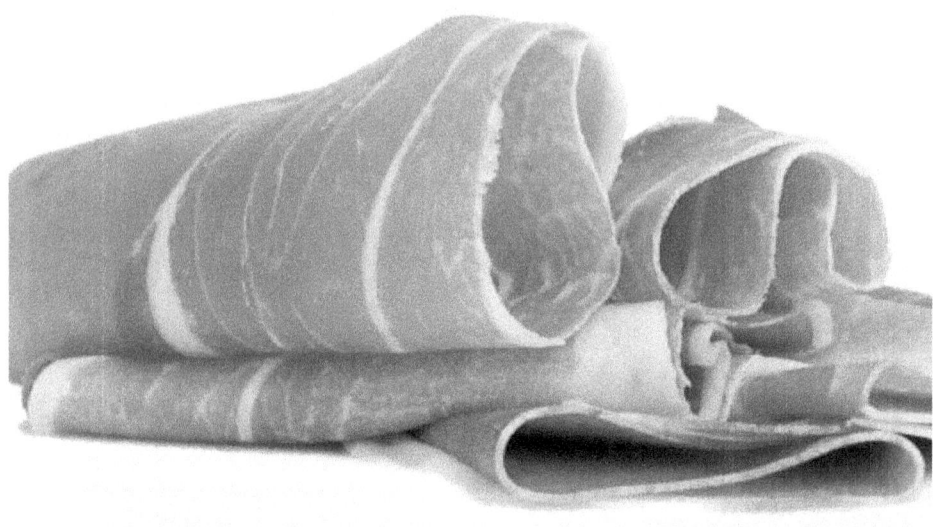

BAHAN-BAHAN:

- 1 ham segar keseluruhan, masuk tulang (kira-kira 12-15 paun)
- 1 cawan garam halal
- 1 cawan gula perang
- 2 sudu besar garam pengawetan merah jambu (Serbuk Prague #1)
- 1 sudu besar lada hitam, ditumbuk
- 1 sudu besar biji ketumbar, ditumbuk
- 4 helai daun salam, ditumbuk

ARAHAN:

a) Dalam mangkuk adunan, satukan garam kosher, gula perang, garam pengawetan merah jambu, biji lada yang dihancurkan, biji ketumbar yang dihancurkan dan daun bay yang dihancurkan.

b) Gosokkan campuran dengan teliti pada ham segar, meliputi semua sisi.

c) Letakkan ham dalam beg plastik besar atau bungkusnya dengan ketat dalam bungkus plastik.

d) Sejukkan selama 7-10 hari, putar ham setiap 2-3 hari untuk memastikan pengawetan yang sekata.

e) Selepas tempoh pengawetan, keluarkan ham dari beg dan bilas dengan teliti di bawah air sejuk untuk mengeluarkan garam yang berlebihan.

f) Keringkan ham dengan tuala kertas dan gantungkannya di kawasan yang sejuk dan berventilasi baik selama 3-4 minggu, biarkan ia kering di udara dan menghasilkan rasa khasnya.

g) Setelah ham kering, ia sedia untuk dihiris dan dinikmati.

54. Bacon yang disembuhkan

BAHAN-BAHAN:
- 5 paun perut babi, kulit
- ½ cawan garam halal
- ½ cawan gula perang
- 2 sudu besar lada hitam, baru dikisar
- 2 sudu besar paprika salai
- 2 sudu teh garam pengawetan merah jambu (Serbuk Prague #1)

ARAHAN:
a) Dalam mangkuk, satukan garam kosher, gula perang, lada hitam, paprika salai dan garam pengawetan merah jambu.
b) Gosok adunan secara rata pada perut babi, pastikan semua bahagian bersalut.
c) Letakkan perut babi yang dibumbui dalam beg besar yang boleh ditutup semula atau bungkusnya dengan ketat dalam bungkus plastik.
d) Sejukkan selama 7-10 hari, balik perut setiap 2 hari untuk mengagihkan campuran pengawetan secara merata.
e) Selepas tempoh pengawetan, keluarkan perut babi dari beg dan bilas di bawah air sejuk untuk menghilangkan garam dan perasa yang berlebihan.
f) Panaskan perokok anda kepada 200°F (93°C) dan salai perut babi selama 2-3 jam sehingga ia mencapai suhu dalaman 150°F (66°C).
g) Biarkan bacon sejuk, kemudian sejukkannya selama beberapa jam atau semalaman.
h) Potong daging mengikut ketebalan yang dikehendaki dan masak seperti yang anda lakukan dengan daging yang dibeli di kedai.

55. Lada pedas

BAHAN-BAHAN:
- 2 paun daging babi tanpa lemak
- ½ paun lemak babi, dipotong dadu halus
- 2 sudu besar paprika
- 2 sudu besar garam halal
- 1 sudu besar gula
- 1 sudu besar biji adas, dihancurkan
- 1 sudu besar oregano kering
- 2 sudu kecil serpihan lada merah
- 2 sudu kecil serbuk bawang putih
- 1 sudu teh lada hitam yang baru dikisar
- ¼ sudu teh garam pengawet (Serbuk Prague #2)

ARAHAN:

a) Dalam mangkuk adunan yang besar, satukan daging babi yang dikisar, daging babi potong dadu, paprika, garam kosher, gula, biji adas yang dihancurkan, oregano kering, kepingan lada merah, serbuk bawang putih, lada hitam dan garam pengawet. Gaul rata untuk mengagihkan bahan-bahan.

b) Tutup mangkuk dan sejukkan adunan selama 24 jam untuk membenarkan perisa mencair.

c) Keluarkan campuran dari peti sejuk dan masukkan ke dalam sarung sosej, membentuk pautan pepperoni dengan panjang yang dikehendaki.

d) Gantungkan selongsong yang disumbat di kawasan yang sejuk dan berventilasi baik atau dalam peti sejuk anda selama 24-48 jam untuk mengeringkan dan menghasilkan rasa.

e) Panaskan perokok anda kepada 150°F (66°C) dan hisap pepperoni selama 4-6 jam sehingga suhu dalaman mencapai 150°F (66°C).

f) Keluarkan pepperoni dari perokok dan biarkan ia sejuk sepenuhnya.

g) Setelah sejuk, pepperoni sedia untuk dihiris dan digunakan pada pizza, sandwic, atau sebagai snek berperisa.

56. Pancetta

BAHAN-BAHAN:
- 4 paun perut babi, dibuang kulit
- ½ cawan garam halal
- ¼ cawan gula
- 2 sudu besar lada hitam, ditumbuk
- 2 sudu besar buah juniper, dihancurkan
- 1 sudu besar biji adas, dihancurkan
- 6 ulas bawang putih, dikisar
- 6 tangkai thyme segar, daun dilucutkan
- 6 helai daun salam, ditumbuk

ARAHAN:
a) Dalam mangkuk, satukan garam halal, gula, biji lada hitam yang dihancurkan, buah juniper yang dihancurkan, biji adas yang dihancurkan, bawang putih cincang, daun thyme dan daun bay yang dihancurkan.

b) Gosokkan campuran dengan teliti pada perut babi, pastikan semua bahagian bersalut.

c) Letakkan perut babi yang dibumbui dalam beg besar yang boleh ditutup semula atau bungkusnya dengan ketat dalam bungkus plastik.

d) Sejukkan selama 7-10 hari, balik perut setiap 2 hari untuk mengagihkan campuran pengawetan secara merata.

e) Selepas tempoh pengawetan, keluarkan perut babi dari beg dan bilas di bawah air sejuk untuk menghilangkan garam dan perasa yang berlebihan.

f) Keringkan perut babi dengan tuala kertas dan gantung di kawasan yang sejuk dan berventilasi baik selama 1-2 minggu, biarkan ia kering dan menghasilkan rasa.

g) Setelah kering, hiris pancetta nipis-nipis dan gunakannya untuk menambah rasa yang kaya dan berperisa pada hidangan pasta, sup atau sebagai item charcuterie yang tersendiri.

57.Prosciutto

BAHAN-BAHAN:
- 8-10 paun kaki babi segar
- 2 paun garam halal
- 1 paun gula pasir
- 2 sudu besar lada hitam, ditumbuk
- 8 ulas bawang putih, dikisar
- 8 helai daun salam, ditumbuk

ARAHAN:

a) Dalam mangkuk, satukan garam, gula, biji lada yang telah dihancurkan, bawang putih yang dikisar, dan daun bay yang ditumbuk.

b) Gosokkan adunan ke seluruh kaki babi, pastikan ia disalut sama rata.

c) Letakkan kaki babi dalam bekas besar dan tutup dengan campuran pengawetan yang tinggal.

d) Sejukkan kaki babi selama 3 minggu, terbalikkan setiap beberapa hari dan taburkannya dengan cecair terkumpul.

e) Selepas 3 minggu, keluarkan kaki babi dari campuran pengawetan dan bilas di bawah air sejuk.

f) Tepuk kaki babi hingga kering dan gantungkannya di kawasan yang sejuk dan berventilasi baik selama 9-12 bulan agar kering dan tua.

g) Setelah prosciutto kering sepenuhnya, ia boleh dihiris nipis dan dinikmati sebagai makanan istimewa.

58. Guanciale

BAHAN-BAHAN:
- 2 paun rahang babi (pipi)
- ¼ cawan garam halal
- 2 sudu besar gula
- 1 sudu besar lada hitam, ditumbuk
- 4 ulas bawang putih, dikisar
- 4 helai daun salam, ditumbuk

ARAHAN:
a) Dalam mangkuk, satukan garam, gula, biji lada yang telah dihancurkan, bawang putih yang dikisar, dan daun bay yang ditumbuk.

b) Gosokkan campuran ke seluruh rahang babi, pastikan ia disalut sama rata.

c) Letakkan rahang babi dalam beg ziplock dan sejukkan selama 7-10 hari, terbalikkannya setiap 2-3 hari.

d) Selepas tempoh pengawetan, bilas rahang babi di bawah air sejuk dan keringkan.

e) Gantungkan rahang di kawasan yang sejuk dan berventilasi baik selama 2-3 minggu untuk kering.

f) Setelah kering, guanciale boleh dihiris nipis dan digunakan sebagai tambahan rasa untuk hidangan pasta, carbonara, atau salad.

59. Cawan

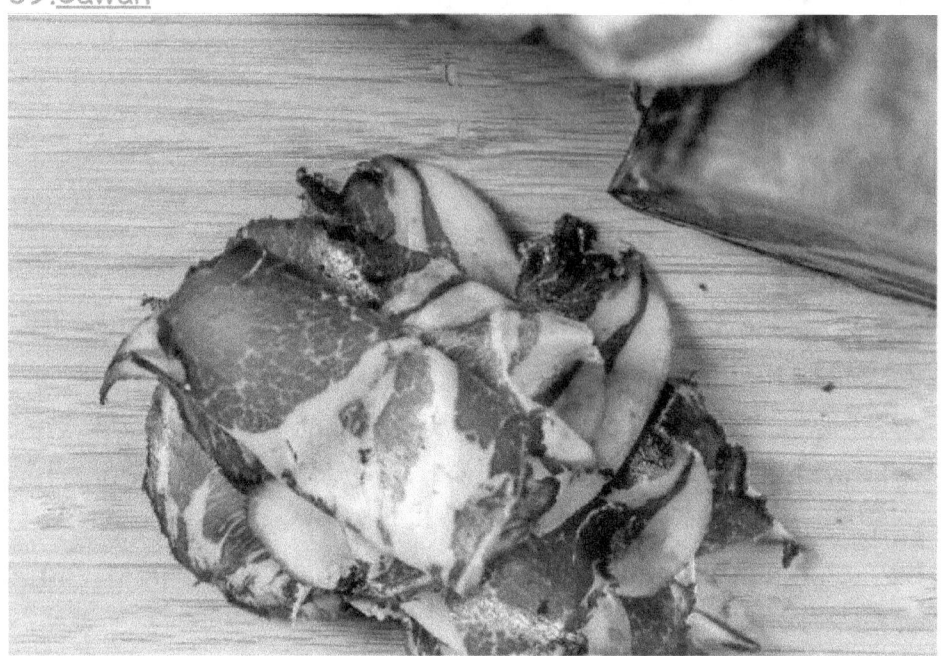

BAHAN-BAHAN:
- 3-4 paun leher babi atau bahu
- ¼ cawan garam halal
- 2 sudu besar gula
- 1 sudu besar lada hitam, ditumbuk
- 4 ulas bawang putih, dikisar
- 4 helai daun salam, ditumbuk

ARAHAN:

a) Dalam mangkuk, satukan garam, gula, biji lada yang telah dihancurkan, bawang putih yang dikisar, dan daun bay yang ditumbuk.

b) Gosok campuran ke seluruh leher atau bahu babi, pastikan ia bersalut sama rata.

c) Letakkan daging babi dalam beg ziplock dan sejukkan selama 7-10 hari, terbalikkan setiap 2-3 hari.

d) Selepas tempoh pengawetan, bilas daging babi di bawah air sejuk dan keringkan.

e) Ikat daging babi dengan ketat dengan benang daging dan gantungkannya di kawasan yang sejuk dan berventilasi baik selama 3-4 minggu untuk kering.

f) Setelah kering, coppa boleh dihiris nipis dan digunakan dalam sandwic, papan charcuterie, atau pinggan antipasto.

60. Lardo

BAHAN-BAHAN:

- 2 paun lemak belakang babi
- ¼ cawan garam halal
- 2 sudu besar gula
- 1 sudu besar lada hitam, ditumbuk
- 4 ulas bawang putih, dikisar
- 4 tangkai rosemary segar, dicincang

ARAHAN:

a) Dalam mangkuk, satukan garam, gula, biji lada yang dihancurkan, bawang putih cincang, dan rosemary yang dicincang.

b) Gosokkan campuran ke seluruh lemak belakang babi, pastikan ia disalut sama rata.

c) Letakkan lemak babi dalam beg ziplock dan sejukkan selama 7-10 hari, terbalikkan setiap 2-3 hari.

d) Selepas tempoh pengawetan, keluarkan lemak babi dari beg dan bilas di bawah air sejuk.

e) Keringkan lemak babi dan gantung di kawasan yang sejuk dan berventilasi baik selama 2-3 minggu untuk kering.

f) Setelah kering, lardo boleh dihiris nipis dan digunakan sebagai tambahan mewah untuk roti, pasta, atau salad.

61. Soppressata

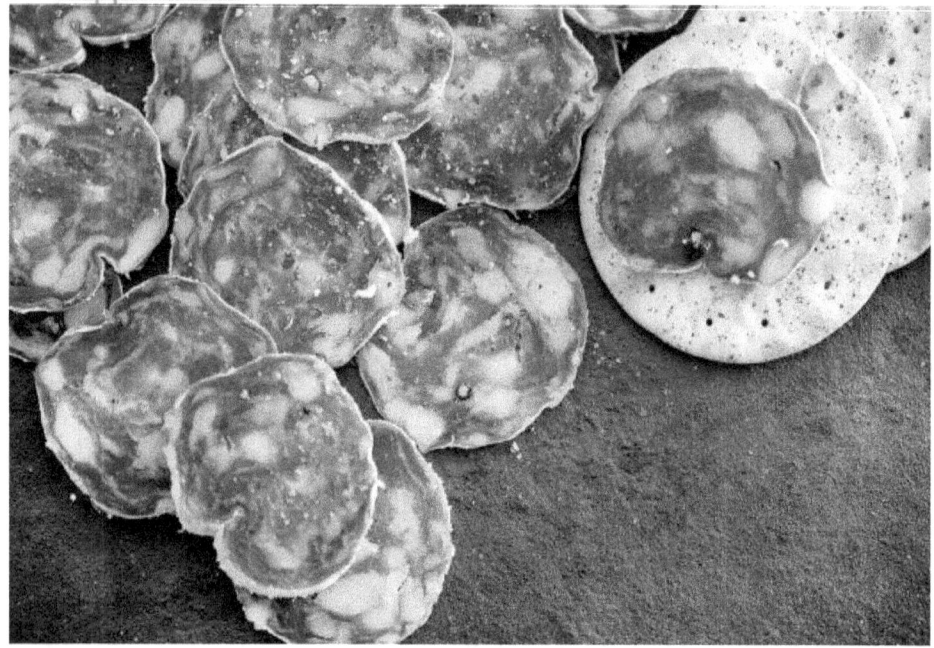

BAHAN-BAHAN:
- 3 paun bahu babi, dipotong daripada lemak berlebihan
- ½ paun lemak belakang babi
- ¼ cawan garam halal
- 2 sudu besar gula
- 2 sudu teh biji adas
- 2 sudu kecil serpihan lada merah ditumbuk
- 2 sudu teh paprika
- 2 ulas bawang putih, dikisar
- ¼ cawan wain merah kering
- Selongsong babi (pilihan)

ARAHAN:

a) Potong bahu babi dan lemak belakang menjadi kepingan kecil dan kisar menggunakan pengisar daging.

b) Dalam mangkuk, satukan garam, gula, biji adas, kepingan lada merah yang dihancurkan, paprika, dan bawang putih yang dikisar.

c) Masukkan campuran rempah dan wain merah ke dalam daging babi yang dikisar dan kacau dengan teliti.

d) Jika menggunakan selongsong, masukkan adunan ke dalamnya dan ikat hujungnya. Jika tidak menggunakan selongsong, bentukkan adunan menjadi kayu balak.

e) Gantungkan selongsong yang disumbat atau kayu balak di tempat yang sejuk dan kering selama 2-3 minggu untuk kering.

f) Setelah kering, soppressata boleh dihiris nipis dan dinikmati sebagai tambahan rasa kepada sandwic atau papan charcuterie.

62. Bresaola

BAHAN-BAHAN:
- 3-4 paun panggang bulat mata lembu
- ¼ cawan garam halal
- 2 sudu besar gula
- 2 sudu kecil lada hitam, ditumbuk
- 4 ulas bawang putih, dikisar
- 4 tangkai thyme segar, dicincang
- 4 tangkai rosemary segar, dicincang

ARAHAN:

a) Dalam mangkuk, satukan garam, gula, biji lada yang dihancurkan, bawang putih cincang, thyme cincang, dan rosemary cincang.

b) Gosok adunan ke seluruh panggang bulat mata lembu, pastikan ia disalut sama rata.

c) Letakkan panggang dalam beg ziplock dan sejukkan selama 7-10 hari, terbalikkan setiap 2-3 hari.

d) Selepas tempoh pengawetan, keluarkan panggang dari beg dan bilas di bawah air sejuk.

e) Tepuk-tepuk panggang hingga kering dan bungkusnya dengan ketat dengan kain kasa atau kain kasa.

f) Gantungkan panggang yang dibungkus di kawasan yang sejuk dan berventilasi baik selama 4-6 minggu untuk kering.

g) Setelah kering, bresaola boleh dihiris nipis dan dinikmati sebagai daging lembu kering yang halus.

63. Chorizo

BAHAN-BAHAN:
- 2 paun daging babi yang dikisar
- 4 sudu besar paprika salai
- 2 sudu besar serbuk cili
- 1 sudu besar serbuk bawang putih
- 1 sudu besar serbuk bawang
- 2 sudu kecil garam
- 2 sudu kecil lada hitam yang dikisar
- 1 sudu teh oregano kering
- ½ sudu teh jintan halus
- ¼ sudu teh lada cayenne (pilihan)
- ¼ cawan cuka wain merah

ARAHAN:
a) Dalam mangkuk, satukan semua rempah dan gaul rata.

b) Masukkan daging babi yang dikisar dan cuka wain merah ke dalam mangkuk dan gaul sehingga rempah diedarkan sama rata.

c) Tutup mangkuk dan simpan dalam peti ais selama 24-48 jam untuk membenarkan rasa bercampur.

d) Bentuk adunan chorizo ke dalam pautan atau patties.

e) Masak chorizo dalam kuali di atas api sederhana sehingga masak sepenuhnya, kira-kira 8-10 minit, atau sehingga suhu dalaman mencapai 160°F (71°C).

f) Hidangkan chorizo dalam taco, burrito, atau sebagai tambahan rasa untuk pelbagai hidangan.

64. Jamón

BAHAN-BAHAN:
- 1 ham tulang dalam (sebaik-baiknya diawetkan dan berumur)
- garam

ARAHAN:
a) Bilas ham di bawah air sejuk untuk menghilangkan sebarang kekotoran permukaan.
b) Keringkan ham dengan tuala kertas.
c) Gosokkan garam ke seluruh ham, pastikan ia bersalut sama rata.
d) Gantungkan ham di kawasan yang sejuk dan berventilasi baik selama beberapa bulan, bergantung pada saiz ham, sehingga ia kering dan sembuh.
e) Setelah sembuh, ham boleh dihiris nipis dan dinikmati seperti sedia ada atau digunakan dalam pelbagai resipi.

65.Culatello

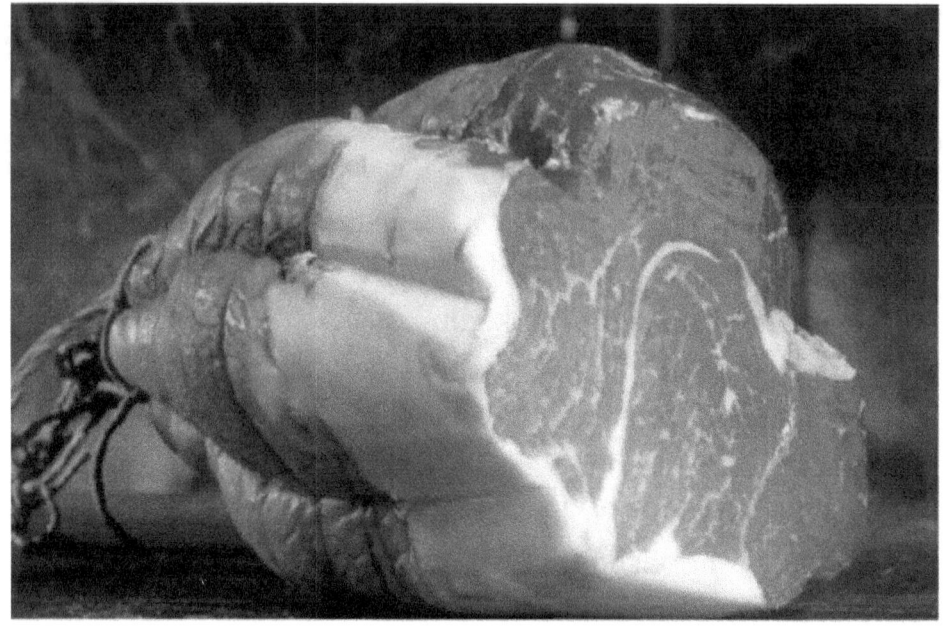

BAHAN-BAHAN:
- 2 paun pinggang babi
- ¼ cawan garam halal
- 2 sudu besar gula
- 2 sudu kecil lada hitam, ditumbuk
- 4 ulas bawang putih, dikisar
- 4 tangkai thyme segar, dicincang
- 4 tangkai rosemary segar, dicincang

ARAHAN:

a) Dalam mangkuk, satukan garam halal, gula, biji lada yang dihancurkan, bawang putih cincang, thyme cincang, dan rosemary cincang.

b) Gosokkan adunan ke seluruh bahagian pinggang babi, pastikan ia bersalut sama rata.

c) Letakkan pinggang babi dalam beg ziplock dan sejukkan selama 7-10 hari, terbalikkannya setiap 2-3 hari.

d) Selepas tempoh pengawetan, keluarkan pinggang babi dari beg dan bilas di bawah air sejuk.

e) Tepuk pinggang babi kering dan bungkusnya dengan ketat dengan kain kasa atau kain kasa.

f) Gantung pinggang babi yang dibalut di kawasan yang sejuk dan berventilasi baik selama 2-3 bulan untuk kering.

g) Setelah kering, culatello boleh dihiris nipis dan dinikmati sebagai makanan istimewa.

66. Mortadella

BAHAN-BAHAN:
- 2 paun daging babi yang dikisar
- ½ paun lemak babi, dicincang halus
- ½ cawan pistachio, dikupas dan dicincang kasar
- ¼ cawan prosciutto dipotong dadu atau ham yang dimasak
- ¼ cawan keju Parmesan parut
- 2 sudu besar garam
- 1 sudu besar gula
- 1 sudu besar lada hitam yang dikisar
- 1 sudu kecil serbuk bawang putih
- ½ sudu teh ketumbar kisar
- ¼ sudu teh pala tanah
- ¼ sudu teh lada sulah
- ¼ sudu teh garam pengawetan merah jambu (serbuk Prague #1)
- ½ cawan air ais

ARAHAN:
a) Dalam mangkuk, satukan daging babi yang dikisar, lemak babi, pistachio, prosciutto potong dadu, keju Parmesan, garam, gula, lada hitam, serbuk bawang putih, ketumbar, buah pala, lada sulah dan garam pengawetan merah jambu.
b) Campurkan bahan-bahan dengan teliti sehingga sebati.
c) Perlahan-lahan masukkan air ais ke dalam adunan, teruskan gaul sehingga ia sebati.
d) Masukkan adunan ke dalam selongsong, pastikan tiada poket udara.
e) Rebus mortadella yang disumbat dalam air yang mereneh atau kukus sehingga mencapai suhu dalaman 160°F (71°C).

f) Biarkan mortadella sejuk sepenuhnya sebelum dihiris dan dinikmati.

67.Bacon

BAHAN-BAHAN:

- 4 paun perut babi
- ½ cawan garam halal
- 2 sudu besar gula
- 2 sudu besar lada hitam yang dikisar
- 2 sudu besar buah juniper yang dikisar
- 2 sudu besar ketumbar kisar
- 1 sudu besar buah pala yang dikisar
- 1 sudu besar kayu manis tanah
- 1 sudu besar serbuk bawang putih
- 1 sudu besar garam pengawetan merah jambu (serbuk Prague #1)

ARAHAN:

a) Dalam mangkuk, satukan garam kosher, gula, lada hitam, buah juniper yang dikisar, ketumbar kisar, buah pala, kayu manis yang dikisar, serbuk bawang putih dan garam pengawetan merah jambu.

b) Gosok campuran ke seluruh perut babi, pastikan ia bersalut sama rata.

c) Letakkan perut babi dalam beg ziplock yang besar dan sejukkan selama 7-10 hari, terbalikkannya setiap 2-3 hari.

d) Selepas tempoh pengawetan, keluarkan perut babi dari beg dan bilas di bawah air sejuk.

e) Keringkan perut babi dengan tuala kertas.

f) Panaskan ketuhar hingga 175°F (80°C).

g) Gantungkan perut babi di kawasan yang sejuk dan berventilasi baik selama 2-3 minggu untuk mengeringkannya.

h) Setelah kering, bintik itu boleh dihiris nipis dan dinikmati.

68. Nduja

BAHAN-BAHAN:
- 1 paun bahu babi, dipotong dadu
- ½ paun lemak babi, dipotong dadu
- 3 sudu besar paprika
- 2 sudu besar pes cili Calabrian atau kepingan lada merah yang dihancurkan
- 2 sudu besar garam halal
- 1 sudu besar gula
- 1 sudu teh biji adas, dihancurkan
- 1 sudu kecil lada hitam, ditumbuk

ARAHAN:
a) Dalam mangkuk, satukan bahu daging babi yang dipotong dadu, daging babi yang dipotong dadu, paprika, pes cili Calabrian atau kepingan lada merah yang dihancurkan, garam halal, gula, biji adas yang dihancurkan dan lada hitam yang dihancurkan.
b) Campurkan bahan-bahan dengan teliti sehingga sebati.
c) Kisar campuran dalam penggiling daging atau pemproses makanan sehingga ia mencapai konsistensi yang licin.
d) Pindahkan campuran ke dalam balang atau bekas yang disterilkan dan sejukkan selama sekurang-kurangnya 24 jam untuk membolehkan perisa berkembang.
e) Nduja boleh dinikmati di atas roti atau digunakan sebagai tambahan rasa untuk pelbagai hidangan.

69. Sobrasada

BAHAN-BAHAN:
- 1 paun daging babi yang dikisar
- $\frac{1}{4}$ cawan paprika
- 1 sudu besar garam halal
- 1 sudu kecil serpihan lada merah ditumbuk
- 1 sudu kecil lada hitam dikisar
- 1 sudu teh jintan kisar
- $\frac{1}{2}$ sudu teh kayu manis tanah
- $\frac{1}{4}$ sudu teh bunga cengkih kisar
- $\frac{1}{4}$ sudu teh pala tanah

ARAHAN:
a) Dalam mangkuk, gabungkan daging babi yang dikisar, paprika, garam halal, kepingan lada merah yang dihancurkan, lada hitam, jintan putih, kayu manis, bunga cengkih, dan buah pala.

b) Campurkan bahan-bahan dengan teliti sehingga sebati.

c) Pindahkan adunan ke dalam kuali dan masak dengan api sederhana, kacau kerap, sehingga daging babi masak dan rasa bercampur, kira-kira 15-20 minit.

d) Biarkan sobrasada sejuk sedikit sebelum memindahkannya ke balang atau bekas yang disterilkan.

e) Sejukkan sobrasada selama sekurang-kurangnya 24 jam untuk membolehkan rasa berkembang.

f) Sobrasada boleh dinikmati di atas roti, digunakan sebagai topping untuk piza, atau dimasukkan ke dalam pelbagai hidangan.

70. Culaccia

BAHAN-BAHAN:
- 2 paun pinggang babi
- ¼ cawan garam halal
- 2 sudu besar gula
- 2 sudu kecil lada hitam, ditumbuk
- 4 ulas bawang putih, dikisar
- 4 tangkai thyme segar, dicincang
- 4 tangkai rosemary segar, dicincang

ARAHAN:

a) Dalam mangkuk, satukan garam halal, gula, biji lada yang dihancurkan, bawang putih cincang, thyme cincang, dan rosemary cincang.

b) Gosokkan adunan ke seluruh bahagian pinggang babi, pastikan ia bersalut sama rata.

c) Letakkan pinggang babi dalam beg ziplock dan sejukkan selama 7-10 hari, terbalikkannya setiap 2-3 hari.

d) Selepas tempoh pengawetan, keluarkan pinggang babi dari beg dan bilas di bawah air sejuk.

e) Tepuk pinggang babi kering dan bungkusnya dengan ketat dengan kain kasa atau kain kasa.

f) Gantung pinggang babi yang dibalut di kawasan yang sejuk dan berventilasi baik selama 2-3 bulan untuk kering.

g) Setelah kering, culaccia boleh dihiris nipis dan dinikmati sebagai makanan istimewa.

71. Lonza

BAHAN-BAHAN:
- 2 paun pinggang babi
- ¼ cawan garam halal
- 2 sudu besar gula
- 2 sudu kecil lada hitam, ditumbuk
- 4 ulas bawang putih, dikisar
- 4 tangkai thyme segar, dicincang
- 4 tangkai rosemary segar, dicincang

ARAHAN:
a) Dalam mangkuk, satukan garam halal, gula, biji lada yang dihancurkan, bawang putih cincang, thyme cincang, dan rosemary cincang.

b) Gosokkan adunan ke seluruh bahagian pinggang babi, pastikan ia bersalut sama rata.

c) Letakkan pinggang babi dalam beg ziplock dan sejukkan selama 7-10 hari, terbalikkannya setiap 2-3 hari.

d) Selepas tempoh pengawetan, keluarkan pinggang babi dari beg dan bilas di bawah air sejuk.

e) Tepuk pinggang babi kering dan gantung di kawasan yang sejuk dan berventilasi baik selama 2-3 bulan untuk mengeringkannya.

f) Setelah kering, lonza boleh dihiris nipis dan dinikmati.

72. Bierwurst

BAHAN-BAHAN:

- 2 paun daging babi tanpa lemak (seperti bahu babi), dipotong dadu
- ½ paun lemak babi, dipotong dadu
- ½ cawan air ais
- 2 sudu besar garam halal
- 2 sudu besar gula
- 2 sudu kecil lada putih yang dikisar
- 1 sudu teh ketumbar kisar
- ½ sudu teh pala tanah
- ½ sudu teh halia kisar
- ½ sudu teh cokmar dikisar
- ¼ sudu teh garam pengawetan merah jambu (serbuk Prague #1)
- Selongsong babi semulajadi

ARAHAN:

a) Dalam mangkuk, satukan daging babi potong dadu, daging babi potong dadu, air ais, garam halal, gula, lada putih, ketumbar, buah pala, halia, cokmar dan garam pengawetan merah jambu.

b) Kisar adunan melalui pengisar daging menggunakan plat pengisar bersaiz sederhana.

c) Masukkan adunan yang telah dikisar ke dalam sarung babi asli, membentuk sosej dengan saiz yang anda kehendaki.

d) Putar sosej pada selang masa yang tetap untuk membuat pautan individu.

e) Rebus sosej dalam air reneh sehingga mencapai suhu dalaman 160°F (71°C).

f) Setelah masak, Bierwurst boleh dinikmati dengan panggang, goreng atau digunakan dalam pelbagai resipi.

73.Kabanos

BAHAN-BAHAN:
- 2 paun daging babi tanpa lemak (seperti bahu babi), dipotong dadu
- ½ paun lemak babi, dipotong dadu
- ¼ cawan air ais
- 2 sudu besar garam halal
- 2 sudu besar paprika
- 1 sudu besar lada hitam yang dikisar
- 1 sudu besar serbuk bawang putih
- 1 sudu besar biji sawi
- 1 sudu besar ketumbar kisar
- ½ sudu teh garam pengawetan merah jambu (serbuk Prague #1)
- Selongsong babi semulajadi

ARAHAN:
a) Dalam mangkuk, satukan daging babi potong dadu, daging babi potong dadu, air ais, garam halal, paprika, lada hitam, serbuk bawang putih, biji sawi, ketumbar kisar dan garam pengawetan merah jambu.

b) Kisar adunan melalui pengisar daging menggunakan plat pengisar bersaiz sederhana.

c) Masukkan adunan yang telah dikisar ke dalam sarung babi asli, membentuk sosej dengan saiz yang anda kehendaki.

d) Putar sosej pada selang masa yang tetap untuk membuat pautan individu.

e) Gantungkan sosej di kawasan yang sejuk dan berventilasi baik selama 24-48 jam untuk kering.

f) Setelah kering, Kabanos boleh dinikmati sebagai snek berperisa atau digunakan dalam pelbagai resipi.

74. Lonzino

BAHAN-BAHAN:
- 2 paun daging babi tenderloin
- ¼ cawan garam halal
- 2 sudu besar gula
- 2 sudu kecil lada hitam yang dikisar
- 2 sudu teh thyme kering
- 2 sudu teh rosemary kering
- 2 sudu teh sage kering
- 2 sudu teh biji adas, dihancurkan
- 1 sudu teh garam pengawetan merah jambu (serbuk Prague #1)

ARAHAN:
a) Dalam mangkuk, gabungkan garam kosher, gula, lada hitam, thyme kering, rosemary kering, sage kering, biji adas yang dihancurkan dan garam pengawetan merah jambu.

b) Gosok adunan ke seluruh daging babi, pastikan ia disalut sama rata.

c) Letakkan tenderloin babi dalam beg ziplock dan sejukkan selama 7-10 hari, terbalikkannya setiap 2-3 hari.

d) Selepas tempoh pengawetan, keluarkan tenderloin babi dari beg dan bilas di bawah air sejuk.

e) Keringkan tenderloin babi dengan tuala kertas.

f) Gantung tenderloin babi di kawasan yang sejuk dan berventilasi baik selama 2-3 minggu untuk mengeringkannya.

g) Setelah kering, lonzino boleh dihiris nipis dan dinikmati sebagai makanan istimewa.

75.peluru itu

BAHAN-BAHAN:
- 2 paun bahu babi, dipotong dadu
- ½ paun lemak babi, dipotong dadu
- 4 ulas bawang putih, dikisar
- 2 sudu besar paprika
- 2 sudu besar lada hitam yang dikisar
- 2 sudu besar garam halal
- 2 sudu teh gula
- 2 sudu kecil lada cayenne kisar
- 2 sudu teh jintan kisar
- 2 sudu teh oregano kering
- 2 sudu teh paprika
- 1 sudu teh ketumbar kisar
- Selongsong babi semulajadi

ARAHAN:
a) Dalam mangkuk, gabungkan bahu babi yang dikisar, daging babi yang dikisar, bawang putih cincang, paprika, lada hitam, garam halal, gula, lada cayenne, jintan, oregano kering, paprika dan ketumbar kisar.

b) Lulus adunan melalui penggiling daging menggunakan plat pengisar bersaiz sederhana.

c) Masukkan adunan yang telah dikisar ke dalam sarung babi asli, membentuk sosej dengan saiz yang anda kehendaki.

d) Putar sosej pada selang masa yang tetap untuk membuat pautan individu.

e) Gantungkan sosej di kawasan yang sejuk dan berventilasi baik selama 24 jam untuk membolehkan rasa berkembang.

f) Panaskan perokok hingga 180°F (82°C) dan tambahkan serpihan atau ketulan kayu merokok pilihan anda.

g) Asap sosej kulen dalam perokok selama kira-kira 4-6 jam, atau sehingga ia mencapai suhu dalaman 160°F (71°C).

h) Setelah diasap, sosej kulen boleh dinikmati dengan panggang, goreng, atau digunakan dalam pelbagai resipi.

76. Ciauscolo

BAHAN-BAHAN:
- 2 paun bahu babi, dipotong dadu
- ½ paun lemak babi, dipotong dadu
- 4 ulas bawang putih, dikisar
- 2 sudu besar wain merah
- 2 sudu besar garam halal
- 2 sudu kecil lada hitam yang dikisar
- 2 sudu kecil biji adas yang dikisar
- 2 sudu teh ketumbar kisar
- 2 sudu teh thyme kering
- 2 sudu teh rosemary kering
- 1 sudu teh pala tanah
- Selongsong babi semulajadi

ARAHAN:
a) Dalam mangkuk, satukan bahu daging babi yang dikisar, daging babi yang dikisar, bawang putih yang dikisar, wain merah, garam halal, lada hitam, biji adas yang dikisar, ketumbar, thyme kering, rosemary kering dan buah pala yang dikisar.

b) Lulus adunan melalui penggiling daging menggunakan plat pengisar bersaiz sederhana.

c) Masukkan adunan yang telah dikisar ke dalam sarung babi asli, membentuk sosej dengan saiz yang anda kehendaki.

d) Putar sosej pada selang masa yang tetap untuk membuat pautan individu.

e) Gantungkan sosej di kawasan yang sejuk dan berventilasi baik selama 24 jam untuk membolehkan rasa berkembang.

f) Ciauscolo boleh dinikmati sebagai salami yang boleh disebarkan. Untuk menghidang, hiris kepingan nipis dan sapukan pada roti berkerak atau keropok.

77. Kunchiang

BAHAN-BAHAN:
- 1 paun daging babi yang dikisar
- ¼ cawan nasi likat masak
- 2 sudu besar bawang putih kisar
- 2 sudu besar bawang merah kisar
- 2 sudu besar serai dicincang (bahagian putih sahaja)
- 2 sudu besar akar ketumbar segar (cilantro) yang dicincang
- 2 sudu besar lengkuas dicincang
- 1 sudu besar gula aren atau gula merah
- 1 sudu besar sos ikan
- 1 sudu besar kicap
- 1 sudu teh lada putih kisar
- 1 sudu teh ketumbar kisar
- 1 sudu teh jintan kisar
- ½ sudu teh garam
- Sarung sosej asli (pilihan)

ARAHAN:

a) Jika menggunakan sarung sosej semulajadi, rendamkannya dalam air suam mengikut arahan pakej untuk melembutkannya.

b) Dalam lesung dan alu, tumbuk beras likat yang telah dimasak sehingga menjadi serbuk halus. Mengetepikan.

c) Dalam mangkuk besar, satukan daging babi yang dikisar, bawang putih cincang, bawang merah cincang, serai cincang, akar ketumbar cincang, lengkuas cincang, gula aren, sos ikan, kicap, lada putih kisar, ketumbar kisar, jintan halus dan garam. Gaul rata, pastikan bahan sebati.

d) Jika menggunakan selongsong, masukkan satu hujung selongsong dengan berhati-hati pada tiub pemadat sosej, tinggalkan sedikit terjuntai. Tolak baki selongsong ke dalam tiub, pastikan ia teragih sama rata.

e) Masukkan campuran sosej ke dalam selongsong, isikan dengan kuat tetapi jangan terlalu banyak. Putar sosej pada selang masa yang tetap untuk membuat pautan individu.

f) Jika tidak menggunakan sarung, bentukkan adunan sosej menjadi roti atau kayu balak.

g) Setelah dibentuk, biarkan sosej berada pada suhu bilik selama kira-kira 2 jam untuk membolehkan proses penapaian bermula. Pada masa ini, anda mungkin melihat sedikit bengkak atau menggelegak pada permukaan sosej.

h) Selepas tempoh penapaian awal, letakkan sosej dalam persekitaran yang hangat dan lembap untuk penapaian selanjutnya. Julat suhu 90°F hingga 100°F (32°C hingga 38°C) dengan kelembapan yang tinggi adalah sesuai. Anda boleh menggunakan ruang penapaian atau kawasan yang hangat dan lembap di dapur anda.

i) Biarkan sosej ditapai selama 24 hingga 48 jam, bergantung pada tahap penapaian yang dikehendaki. Sosej harus menghasilkan rasa yang sedikit masam dan ditapai pada masa ini.

j) Selepas penapaian, sosej sedia untuk dimasak. Anda boleh memanggangnya, goreng dalam kuali atau kukus sehingga masak.

k) Setelah masak, hidangkan kunchiang panas sebagai snek atau sebahagian daripada hidangan. Ia biasanya dinikmati dengan nasi melekit, sayur-sayuran segar, dan sos pencicah pedas.

DAGING LEMBU CHARCUTERY

78. Bresaola Kering Udara

BAHAN-BAHAN:
- 2 paun mata lembu panggang bulat
- ½ cawan garam halal
- ¼ cawan gula
- 2 sudu besar lada hitam, ditumbuk
- 1 sudu besar buah juniper, dihancurkan
- 1 sudu besar thyme kering
- 1 sudu besar rosemary kering
- 4 helai daun salam, ditumbuk
- ¼ cawan wain merah

ARAHAN:

a) Dalam mangkuk, satukan garam kosher, gula, biji lada hitam yang dihancurkan, buah juniper yang dihancurkan, thyme kering, rosemary kering dan daun bay yang dihancurkan.

b) Gosok adunan secara rata pada mata daging lembu panggang bulat, pastikan semua bahagian bersalut.

c) Siramkan wain merah di atas panggang untuk membantu campuran pengawetan melekat.

d) Letakkan panggang yang berpengalaman dalam beg besar yang boleh ditutup semula atau bungkusnya dengan ketat dalam bungkus plastik.

e) Sejukkan selama 7-10 hari, terbalikkan panggang setiap 2 hari untuk mengagihkan campuran pengawetan secara merata.

f) Selepas tempoh pengawetan, keluarkan panggang dari beg dan bilas di bawah air sejuk untuk menghilangkan garam dan perasa yang berlebihan.

g) Keringkan panggangan dengan tuala kertas dan gantungkannya di kawasan yang sejuk dan berventilasi baik selama 3-4 minggu, membolehkannya mengeringkan udara dan mengembangkan rasa cirinya.

h) Setelah bresaola kering, ia sedia untuk dihiris nipis dan dinikmati sebagai daging halus yang diawetkan.

79. Wagyu Beef Bresaola

BAHAN-BAHAN:

- 2 paun Wagyu mata lembu mata bulat atau potongan tanpa lemak serupa, dihiris nipis
- ¼ cawan garam halal
- 2 sudu besar gula
- 2 sudu kecil lada hitam yang dikisar
- 2 sudu teh thyme kering
- 2 sudu teh rosemary kering
- 2 sudu teh buah juniper kering, dihancurkan
- 1 sudu teh garam pengawetan merah jambu (serbuk Prague #1)

ARAHAN:

a) Dalam mangkuk, gabungkan garam halal, gula, lada hitam, thyme kering, rosemary kering, buah juniper yang dihancurkan dan garam pengawetan merah jambu.

b) Gosokkan adunan ke seluruh hirisan daging Wagyu, pastikan ia disalut sama rata.

c) Letakkan hirisan daging lembu dalam beg ziplock dan sejukkan selama 7-10 hari, terbalikkan setiap 2-3 hari.

d) Selepas tempoh pengawetan, keluarkan hirisan daging lembu dari beg dan bilas di bawah air sejuk.

e) Keringkan kepingan daging lembu dengan tuala kertas.

f) Gantung hirisan daging lembu di kawasan yang sejuk dan berventilasi baik selama 2-3 minggu untuk mengeringkannya.

g) Setelah kering, bresaola daging lembu Wagyu boleh dihiris nipis dan dinikmati sebagai makanan istimewa.

80. Daging Korned

BAHAN-BAHAN:
- 4 paun brisket daging lembu
- 1 cawan garam halal
- ½ cawan gula
- 2 sudu besar garam pengawetan merah jambu (serbuk Prague #1)
- 4 ulas bawang putih, dikisar
- 2 sudu besar rempah jeruk
- Air, cukup untuk menutupi dada

ARAHAN:

a) Dalam periuk besar, satukan garam halal, gula, garam pengawet merah jambu, bawang putih cincang, dan rempah jeruk.

b) Masukkan air secukupnya ke dalam periuk untuk menutupi daging lembu.

c) Didihkan campuran, kacau sehingga garam dan gula larut.

d) Keluarkan periuk dari haba dan biarkan air garam sejuk ke suhu bilik.

e) Letakkan brisket daging lembu dalam bekas besar atau beg ziplock dan tuangkan air garam yang telah disejukkan ke atasnya.

f) Pastikan brisket terendam sepenuhnya dalam air garam, kemudian tutup atau tutup bekas/beg.

g) Sejukkan brisket dalam air garam selama 5-7 hari, terbalikkan setiap 2-3 hari.

h) Selepas tempoh pengawetan, keluarkan brisket dari air garam dan bilas di bawah air sejuk.

i) Masak daging kornet dengan merenehkannya dalam periuk air sehingga ia empuk.

j) Daging kornet boleh dihiris dan dihidangkan sebagai hidangan utama atau digunakan dalam sandwic.

81. Bündnerfleisch

BAHAN-BAHAN:
- 2 paun daging lembu mata bulat atau potongan tanpa lemak serupa, dihiris nipis
- ¼ cawan garam halal
- 2 sudu besar gula
- 2 sudu kecil lada hitam yang dikisar
- 1 sudu teh buah juniper tanah
- 1 sudu teh ketumbar kisar
- 1 sudu kecil bunga cengkih kisar
- 1 sudu teh pala tanah
- ½ sudu teh garam pengawetan merah jambu (serbuk Prague #1)
- ½ cawan wain putih

ARAHAN:
a) Dalam mangkuk, satukan garam halal, gula, lada hitam, buah juniper yang dikisar, ketumbar kisar, bunga cengkih, buah pala yang dikisar dan garam pengawetan merah jambu.
b) Gosok adunan ke seluruh hirisan daging, pastikan ia disalut sama rata.
c) Letakkan kepingan daging lembu dalam beg ziplock dan sejukkan selama 24 jam untuk membolehkan rasa berkembang.
d) Selepas tempoh pengawetan, keluarkan hirisan daging lembu dari beg dan bilas di bawah air sejuk.
e) Keringkan kepingan daging lembu dengan tuala kertas.
f) Panaskan ketuhar hingga 175°F (80°C).
g) Letakkan kepingan daging lembu pada rak dawai yang ditetapkan di atas loyang.
h) Tuangkan wain putih ke atas kepingan daging.

i) Masak hirisan daging lembu dalam ketuhar yang telah dipanaskan selama 2-3 jam, atau sehingga ia kering dan membentuk tekstur yang padat.

j) Setelah kering, Bündnerfleisch boleh dihiris nipis dan dinikmati sebagai makanan istimewa.

82. Pastrami

BAHAN-BAHAN:
- 4 paun brisket daging lembu
- ½ cawan garam halal
- ¼ cawan gula
- 2 sudu besar lada hitam, ditumbuk
- 2 sudu besar biji ketumbar, ditumbuk
- 1 sudu besar biji sawi
- 1 sudu besar paprika
- 1 sudu besar serbuk bawang putih
- 1 sudu kecil serbuk bawang
- 1 sudu teh garam pengawetan merah jambu (serbuk Prague #1)

ARAHAN:
a) Dalam mangkuk, satukan garam halal, gula, biji lada yang dihancurkan, biji ketumbar yang dihancurkan, biji sawi, paprika, serbuk bawang putih, serbuk bawang merah, dan garam pengawetan merah jambu.
b) Gosokkan adunan ke seluruh isi daging lembu, pastikan ia bersalut sama rata.
c) Letakkan brisket dalam beg ziplock dan sejukkan selama 7-10 hari, terbalikkannya setiap 2-3 hari.
d) Selepas tempoh pengawetan, keluarkan brisket dari beg dan bilas di bawah air sejuk.
e) Tepuk dada kering dan biarkan ia kering di dalam peti sejuk selama 12-24 jam.
f) Panaskan perokok pada suhu yang disyorkan dan asap brisket sehingga mencapai suhu dalaman 200°F (93°C).
g) Biarkan pastrami sejuk sebelum dihiris nipis.

83. Biltong

BAHAN-BAHAN:

- 2 paun daging lembu (seperti bahagian atas bulat atau bahagian perak), dihiris nipis
- $\frac{1}{4}$ cawan garam halal
- 2 sudu besar ketumbar kisar
- 2 sudu besar lada hitam yang dikisar
- 1 sudu besar gula perang
- 1 sudu kecil paprika
- 1 sudu kecil serbuk bawang putih
- 1 sudu kecil serbuk bawang
- $\frac{1}{2}$ sudu teh baking soda
- Cuka (seperti cuka putih atau cuka epal), untuk membilas

ARAHAN:

a) Dalam mangkuk, satukan garam kosher, ketumbar kisar, lada hitam yang dikisar, gula perang, paprika, serbuk bawang putih, serbuk bawang dan soda penaik.

b) Gosok adunan ke seluruh hirisan daging, pastikan ia disalut sama rata.

c) Letakkan hirisan daging lembu dalam beg ziplock dan sejukkan selama 24 jam untuk perap.

d) Selepas tempoh perapan, keluarkan hirisan daging lembu dari beg dan bilas di bawah cuka untuk mengeluarkan garam yang berlebihan.

e) Keringkan kepingan daging lembu dengan tuala kertas.

f) Gantungkan hirisan daging lembu di kawasan yang sejuk dan berventilasi baik selama 3-7 hari untuk dikeringkan, bergantung pada tekstur yang anda inginkan.

g) Setelah kering, biltong boleh dihiris nipis dan dinikmati sebagai snek.

84. Daging lembu Pancetta

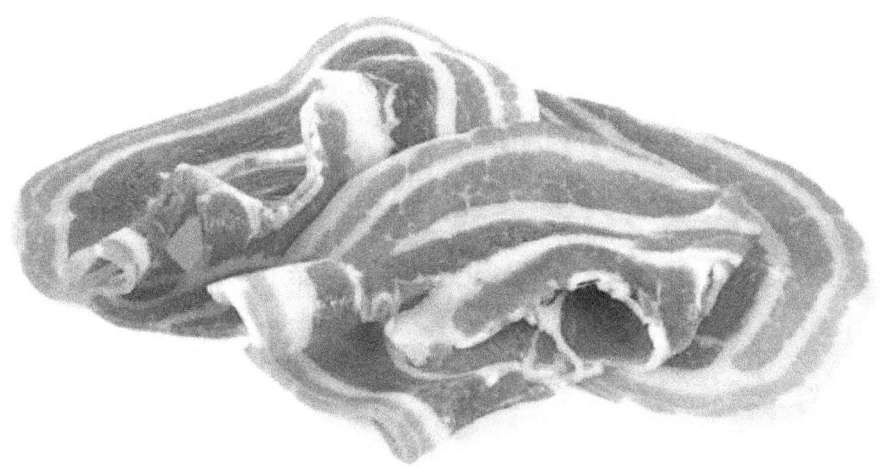

BAHAN-BAHAN:
- 2 paun perut lembu atau stik flank
- ¼ cawan garam halal
- 2 sudu besar gula
- 2 sudu kecil lada hitam, ditumbuk
- 4 ulas bawang putih, dikisar
- 4 tangkai thyme segar, dicincang
- 4 tangkai rosemary segar, dicincang
- 1 sudu teh garam pengawetan merah jambu (serbuk Prague #1)

ARAHAN:
a) Dalam mangkuk, satukan garam halal, gula, biji lada yang dihancurkan, bawang putih cincang, thyme cincang, rosemary cincang dan garam pengawetan merah jambu.

b) Gosok campuran ke seluruh perut lembu atau stik flank, pastikan ia bersalut sama rata.

c) Letakkan daging lembu dalam beg ziplock dan sejukkan selama 7-10 hari, terbalikkan setiap 2-3 hari.

d) Selepas tempoh pengawetan, keluarkan daging lembu dari beg dan bilas di bawah air sejuk.

e) Keringkan daging lembu dan bungkusnya dengan ketat dengan kain kasa atau kain kasa.

f) Gantungkan daging lembu yang dibungkus di kawasan yang sejuk dan berventilasi baik selama 2-3 minggu untuk kering.

g) Setelah kering, pancetta daging lembu boleh dihiris nipis dan digunakan dalam pelbagai hidangan.

85. Salami daging lembu

BAHAN-BAHAN:
- 4 paun daging lembu kisar
- ½ paun lemak daging lembu, dicincang halus
- ¼ cawan garam halal
- 2 sudu besar gula
- 2 sudu kecil lada hitam, ditumbuk
- 2 sudu teh biji adas
- 2 sudu teh paprika
- 2 sudu kecil serbuk bawang putih
- 1 sudu teh garam pengawetan merah jambu (serbuk Prague #1)
- Potong selongsong

ARAHAN:
a) Dalam mangkuk, satukan daging lembu yang dikisar, lemak daging cincang, garam halal, gula, biji lada yang dihancurkan, biji adas, paprika, serbuk bawang putih dan garam pengawetan merah jambu.

b) Campurkan bahan-bahan dengan teliti sehingga sebati.

c) Masukkan adunan ke dalam sarung babi dan ikat hujungnya.

d) Gantungkan sosej di kawasan yang sejuk dan berventilasi baik selama 2-3 hari untuk mengeringkan dan mengembangkan rasa.

e) Panaskan perokok pada suhu yang disyorkan dan hisap salami sehingga mencapai suhu dalaman 150°F (65°C).

f) Biarkan salami sejuk sepenuhnya sebelum dihiris dan dinikmati.

86. Bologna

BAHAN-BAHAN:
- 2 paun daging lembu kisar
- ½ paun daging babi yang dikisar
- ¼ cawan garam halal
- ¼ cawan gula
- 2 sudu kecil lada hitam yang dikisar
- 2 sudu kecil serbuk bawang putih
- 2 sudu kecil serbuk bawang
- 2 sudu teh paprika
- 1 sudu teh garam pengawetan merah jambu (Serbuk Prague #1)
- ½ sudu teh ketumbar kisar
- ½ sudu teh mustard kisar
- ½ sudu teh pala tanah
- Sarung bung lembu asli (jika mahu)

ARAHAN:
a) Dalam mangkuk besar, satukan daging lembu yang dikisar, daging babi yang dikisar, garam halal, gula, lada hitam, serbuk bawang putih, serbuk bawang merah, paprika, garam pengawetan merah jambu, ketumbar, sawi kisar dan buah pala. Gaul rata untuk memastikan rempah sekata ke seluruh daging.

b) Jika menggunakan sarung bung lembu asli, rendam dalam air suam mengikut arahan pakej untuk melembutkannya.

c) Sediakan pemadat sosej anda mengikut arahan pengilang. Jika anda tidak mempunyai pemadat sosej, anda boleh membentuk adunan bologna menjadi roti.

d) Jika menggunakan selongsong, masukkan satu hujung selongsong dengan berhati-hati pada tiub pemadat sosej, biarkan sedikit terjuntai. Tolak baki selongsong ke dalam tiub, pastikan ia teragih sama rata.

e) Masukkan adunan bologna ke dalam selongsong atau bentukkannya menjadi roti, pastikan anda mengeluarkan sebarang poket udara dan memastikan isian yang sekata. Jika membuat roti, bentukkannya padat dan bungkus dengan aluminium foil.

f) Jika menggunakan selongsong, ikat hujung bologna dengan benang dapur, buat gelung pada satu hujung untuk digantung.

g) Jika anda ingin menyembuhkan bologna untuk menambah rasa, gantung bologna di tempat yang sejuk dan kering, seperti peti sejuk, selama 24 hingga 48 jam. Ini akan membolehkan rasa bercampur dan bologna menghasilkan rasa yang lebih mendalam. Pastikan untuk meninggalkan sedikit ruang di antara bologna dan membenarkan peredaran udara.

h) Selepas tempoh pengawetan, panaskan ketuhar anda kepada 325°F (165°C).

i) Letakkan bologna pada lembaran pembakar yang dialas dengan kertas minyak atau dalam kuali roti jika anda membentuknya menjadi roti. Jika menggunakan kuali roti, keluarkan aluminium foil.

j) Bakar bologna dalam ketuhar yang telah dipanaskan selama kira-kira $1 \frac{1}{2}$ hingga 2 jam, atau sehingga suhu dalaman mencapai 160°F (71°C). Jika anda membentuknya menjadi roti, masa memasak mungkin lebih lama sedikit.

k) Setelah masak, keluarkan bologna dari ketuhar dan biarkan sejuk sebelum dihiris.

l) Bologna yang diawet boleh dihidangkan sejuk atau digoreng. Hiris dan gunakannya dalam sandwic, salad atau nikmati sendiri.

AYAM CHARCUTERIE

87. Itik Prosciutto

BAHAN-BAHAN:
- 4 buah dada itik
- ¼ cawan garam halal
- 2 sudu besar gula
- 1 sudu besar lada hitam, ditumbuk
- 4 tangkai thyme segar
- 4 daun salam

ARAHAN:

a) Dalam mangkuk, satukan garam halal, gula, biji lada hitam yang dihancurkan, daun thyme segar dan daun bay yang dihancurkan.

b) Letakkan dada itik dalam pinggan cetek dan gosokkan adunan secara rata pada daging, pastikan semua bahagian bersalut.

c) Susun dada itik berperisa di atas satu sama lain, tutup hidangan, dan simpan dalam peti sejuk selama 24-48 jam, membolehkan daging menyembuhkan dan mengembangkan rasa.

d) Selepas tempoh pengawetan, keluarkan dada itik dari hidangan dan bilas di bawah air sejuk untuk menghilangkan garam dan perasa yang berlebihan.

e) Tepuk dada itik kering dengan tuala kertas dan balut setiap payudara dengan ketat dengan kain keju, selamatkan hujungnya dengan benang dapur.

f) Gantungkan payudara itik yang dibalut di kawasan yang sejuk dan berventilasi baik selama 1-2 minggu, membolehkannya mengeringkan dada dan mengembangkan rasa cirinya.

g) Setelah prosciutto itik kering, keluarkan kain katun, hiris daging nipis-nipis, dan rasakan rasa halus yang diawetkan daripada hidangan gourmet ini.

88. Itik Dia

BAHAN-BAHAN:
- 2 buah dada itik
- ¼ cawan garam halal
- 2 sudu besar gula
- 2 sudu kecil lada hitam yang dikisar
- 2 sudu teh thyme kering
- 2 sudu teh rosemary kering
- 2 sudu teh buah juniper kering, dihancurkan
- 1 sudu teh garam pengawetan merah jambu (serbuk Prague #1)

ARAHAN:

a) Dalam mangkuk, gabungkan garam halal, gula, lada hitam, thyme kering, rosemary kering, buah juniper yang dihancurkan dan garam pengawetan merah jambu.

b) Gosokkan adunan ke seluruh bahagian dada itik, pastikan ia disalut sama rata.

c) Letakkan payudara itik dalam beg ziplock dan sejukkan selama 24-48 jam.

d) Selepas tempoh pengawetan, keluarkan payudara itik dari beg dan bilas di bawah air sejuk.

e) Tepuk dada itik kering dengan tuala kertas.

f) Panaskan ketuhar hingga 175°F (80°C).

g) Letakkan dada itik pada rak dawai yang ditetapkan di atas loyang.

h) Masak dada itik dalam ketuhar yang telah dipanaskan selama 2-3 jam, atau sehingga mencapai suhu dalaman 165°F (74°C).

i) Setelah masak, biarkan dada itik sejuk sebelum dihiris nipis untuk dinikmati sebagai ham itik.

89. Pastrami ayam

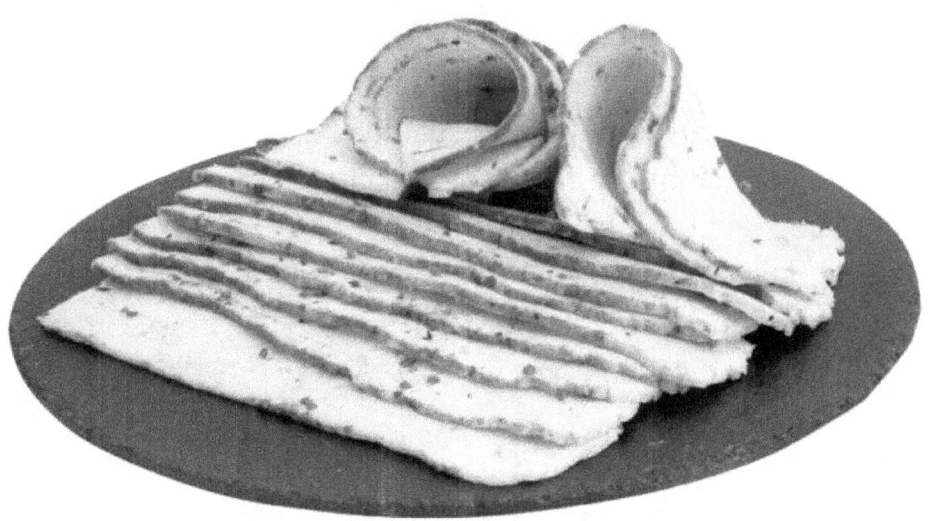

BAHAN-BAHAN:
- 2 dada ayam tanpa tulang dan tanpa kulit
- ¼ cawan garam halal
- 2 sudu besar gula
- 2 sudu kecil lada hitam, ditumbuk
- 1 sudu kecil biji ketumbar, ditumbuk
- 1 sudu kecil biji sawi
- 1 sudu kecil paprika
- ½ sudu teh serbuk bawang putih
- ½ sudu teh serbuk bawang

ARAHAN:
a) Dalam mangkuk, satukan garam kosher, gula, biji lada yang dihancurkan, biji ketumbar yang dihancurkan, biji sawi, paprika, serbuk bawang putih dan serbuk bawang.

b) Gosok adunan ke seluruh bahagian dada ayam, pastikan ia bersalut sama rata.

c) Letakkan dada ayam dalam beg ziplock dan sejukkan selama 24-48 jam.

d) Selepas tempoh pengawetan, keluarkan dada ayam dari beg dan bilas di bawah air sejuk.

e) Tepuk dada ayam hingga kering dan bungkusnya dengan ketat dengan kain kasa atau kain kasa.

f) Sejukkan dada ayam yang dibalut selama 24-48 jam tambahan untuk mengembangkan lagi rasa.

g) Setelah sembuh, pastrami ayam boleh dihiris nipis dan dinikmati dalam sandwic atau sebagai sebahagian daripada pinggan charcuterie.

90. Daging Turki

BAHAN-BAHAN:

- 2 paun payudara ayam belanda, tanpa kulit dan tanpa tulang
- ¼ cawan garam halal
- 2 sudu besar gula
- 1 sudu besar lada hitam, ditumbuk
- 1 sudu besar thyme kering
- 1 sudu besar paprika salai
- 1 sudu kecil serbuk bawang putih
- ½ sudu teh garam pengawetan merah jambu (serbuk Prague #1)

ARAHAN:

a) Dalam mangkuk, satukan garam halal, gula, biji lada yang dihancurkan, thyme kering, paprika salai, serbuk bawang putih dan garam pengawetan merah jambu.

b) Gosokkan adunan ke seluruh payudara ayam belanda, pastikan ia bersalut sama rata.

c) Letakkan payudara ayam belanda dalam beg ziplock dan sejukkan selama 5-7 hari, terbalikkannya setiap hari.

d) Selepas tempoh pengawetan, keluarkan payudara ayam belanda dari beg dan bilas di bawah air sejuk.

e) Tepuk dada ayam belanda hingga kering dan biarkan ia kering di dalam peti sejuk selama 12-24 jam.

f) Panaskan ketuhar kepada 175°F (80°C) atau suhu terendah yang tersedia.

g) Asap dada ayam belanda dalam perokok atau bakar dalam ketuhar yang telah dipanaskan sehingga mencapai suhu dalaman 150°F (65°C).

h) Benarkan daging ayam belanda sejuk sepenuhnya sebelum dihiris dan gunakannya sebagai alternatif berperisa kepada bakon tradisional.

91. Sosej Ayam

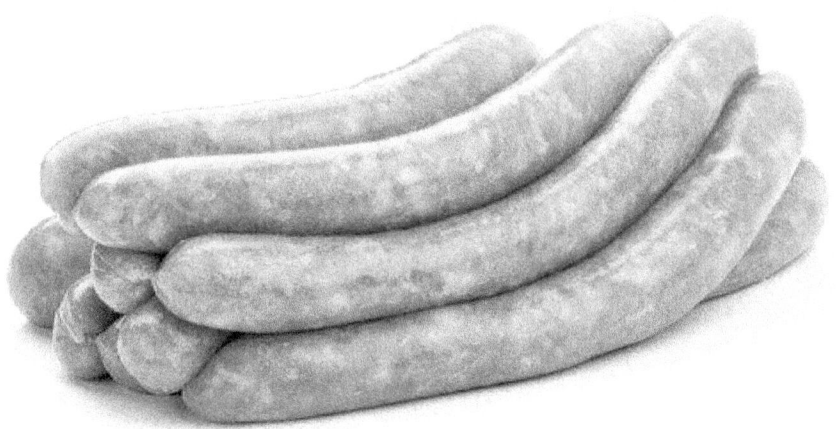

BAHAN-BAHAN:
- 2 paun ayam kisar
- 2 sudu teh garam halal
- 1 sudu kecil lada hitam dikisar
- 1 sudu kecil paprika
- 1 sudu kecil serbuk bawang putih
- 1 sudu teh thyme kering
- ½ sudu teh sage kering
- ½ sudu teh rosemary kering
- ½ sudu teh biji adas (pilihan)
- Sarung sosej asli (jika mahu)

ARAHAN:

a) Dalam mangkuk besar, satukan ayam yang dikisar, garam halal, lada hitam, paprika, serbuk bawang putih, thyme, sage, rosemary dan biji adas. Gaul rata untuk memastikan perasa diedarkan sama rata ke seluruh daging.

b) Jika menggunakan sarung sosej semulajadi, rendamkannya dalam air suam mengikut arahan pakej untuk melembutkannya.

c) Sediakan pemadat sosej anda mengikut arahan pengilang. Jika anda tidak mempunyai pemadat sosej, anda boleh membentuk adunan sosej menjadi patties.

d) Jika menggunakan selongsong, masukkan satu hujung selongsong dengan berhati-hati pada tiub pemadat sosej, biarkan sedikit terjuntai. Tolak baki selongsong ke dalam tiub, pastikan ia teragih sama rata.

e) Masukkan adunan ayam ke dalam selongsong atau bentukkannya menjadi patties, pastikan anda mengeluarkan sebarang poket udara dan memastikan isi yang sekata.

Putar sosej pada selang masa yang tetap untuk membuat pautan individu.

f) Jika menggunakan sarung, ikat hujung sosej dengan benang dapur sebaik sahaja anda mencapai panjang yang dikehendaki. Jika membuat patties, letakkan di atas loyang yang dialas dengan kertas parchment.

g) Jika anda merancang untuk memasak sosej dengan segera, anda boleh meneruskan ke langkah seterusnya. Walau bagaimanapun, jika anda ingin menyembuhkan sosej untuk rasa tambahan, letakkannya di tempat yang sejuk dan kering, seperti peti sejuk, selama 24 hingga 48 jam. Ini akan membolehkan rasa bercampur dan sosej menghasilkan rasa yang lebih mendalam. Pastikan untuk meninggalkan sedikit ruang antara sosej untuk membolehkan peredaran udara.

h) Apabila bersedia untuk memasak, anda boleh sama ada memanggang, menggoreng, atau membakar sosej. Jika memanggang atau menggoreng, masak dengan api sederhana sehingga sosej masak sepenuhnya, mencapai suhu dalaman 165°F (74°C). Jika membakar, panaskan ketuhar hingga 375°F (190°C) dan bakar sosej selama kira-kira 20-25 minit atau sehingga masak sepenuhnya.

i) Setelah masak, sajikan sosej ayam yang telah diawet panas dengan iringan kegemaran anda atau gunakannya dalam pelbagai hidangan seperti pasta, sandwic atau resipi sarapan pagi.

j) Nikmati sosej ayam masak buatan sendiri anda!

92. Ayam Jagung

BAHAN-BAHAN:
- 2 paun ketul ayam (seperti dada, peha atau keseluruhan ayam yang dipotong-potong)
- 4 cawan air
- $\frac{1}{2}$ cawan garam halal
- $\frac{1}{4}$ cawan gula
- 2 sudu besar rempah jeruk (campuran biji lada, biji sawi, biji ketumbar, biji dill dan daun bay)
- 2 ulas bawang putih, dikisar
- 1 sudu kecil lada hitam keseluruhan
- 1 sudu kecil biji sawi

ARAHAN:

a) Dalam periuk besar, satukan air, garam halal, gula, rempah jeruk, bawang putih cincang, lada hitam, dan biji sawi. Kacau rata sehingga garam dan gula larut.

b) Masukkan kepingan ayam ke dalam periuk, pastikan ia terendam sepenuhnya dalam air garam. Jika perlu, anda boleh menimbangnya dengan pinggan atau objek berat untuk memastikan ia tenggelam.

c) Tutup periuk dan sejukkan selama sekurang-kurangnya 48 jam, atau sehingga 72 jam untuk rasa yang lebih kuat. Pada masa ini, putar kepingan ayam sekali-sekala untuk memastikan perapan sekata.

d) Selepas tempoh perapan, keluarkan kepingan ayam dari air garam dan bilas dengan teliti di bawah air sejuk untuk menghilangkan garam dan rempah yang berlebihan.

e) Masukkan ayam yang telah dibilas ke dalam periuk besar dan masukkan air segar secukupnya untuk menutupi ayam.

f) Didihkan air dengan api sederhana besar, kemudian kecilkan api dan biarkan mendidih perlahan-lahan selama kira-kira 1 hingga 1 ½ jam, atau sehingga ayam masak dan empuk. Buang buih atau kekotoran yang timbul di permukaan semasa memasak.

g) Setelah masak, keluarkan ayam dari periuk dan biarkan ia sejuk sedikit sebelum dihiris atau dihidangkan.

h) Ayam jagung boleh dihidangkan panas dengan bahagian kegemaran anda, seperti sayur-sayuran kukus dan kentang tumbuk.

i) Sebagai alternatif, anda boleh membiarkannya sejuk sepenuhnya dan menggunakannya dalam sandwic, salad atau hidangan lain.

IKAN CHARCUTERY DAN MAKANAN LAUT

93. Gravlax / Gravlax

BAHAN-BAHAN:
- 1 paun fillet salmon segar, kulit
- ¼ cawan garam halal
- ¼ cawan gula pasir
- 2 sudu besar lada hitam yang baru dikisar
- 1 sudu besar dill segar, dicincang
- 1 sudu besar biji sawi
- 1 sudu besar vodka (pilihan)

ARAHAN:
a) Bilas fillet salmon dan keringkan dengan tuala kertas.
b) Dalam mangkuk, gabungkan garam halal, gula, lada hitam, dill, biji sawi dan vodka (jika menggunakan).
c) Letakkan fillet salmon dalam hidangan cetek, bahagian kulit ke bawah, dan gosokkan campuran garam secara rata pada bahagian daging.
d) Tutup hidangan dan sejukkan selama 24-48 jam, pusingkan salmon sekali separuh daripada proses pengawetan.
e) Selepas tempoh pengawetan, keluarkan salmon dari hidangan dan bilas di bawah air sejuk untuk menghilangkan garam dan perasa yang berlebihan.
f) Keringkan salmon dengan tuala kertas dan potong nipis.
g) Hidangkan gravadlax pada roti rai atau roti bakar, disertai dengan sos mustard dan dill.

94. Udang Awet

BAHAN-BAHAN:
- 1 paun udang besar, dikupas dan dikeringkan
- $\frac{1}{4}$ cawan garam halal
- $\frac{1}{4}$ cawan gula
- 1 sudu besar kulit limau
- 1 sudu besar perahan limau nipis
- 1 sudu besar kulit oren
- 1 sudu kecil serpihan lada merah ditumbuk

ARAHAN:

a) Dalam mangkuk, satukan garam halal, gula, kulit limau, kulit limau, kulit oren, dan kepingan lada merah yang dihancurkan.

b) Toskan udang ke dalam adunan garam sehingga bersalut rata.

c) Letakkan udang yang telah dibumbui ke dalam bekas cetek dan tutup hidangan.

d) Sejukkan selama 1-2 jam, biarkan udang menyembuhkan dan menyerap rasa.

e) Selepas tempoh pengawetan, keluarkan udang dari hidangan dan bilas di bawah air sejuk untuk menghilangkan garam dan perasa yang berlebihan.

f) Keringkan udang dengan tuala kertas dan sajikan dalam keadaan sejuk sebagai pembuka selera makanan laut yang menyegarkan atau dalam salad.

95. ham salmon

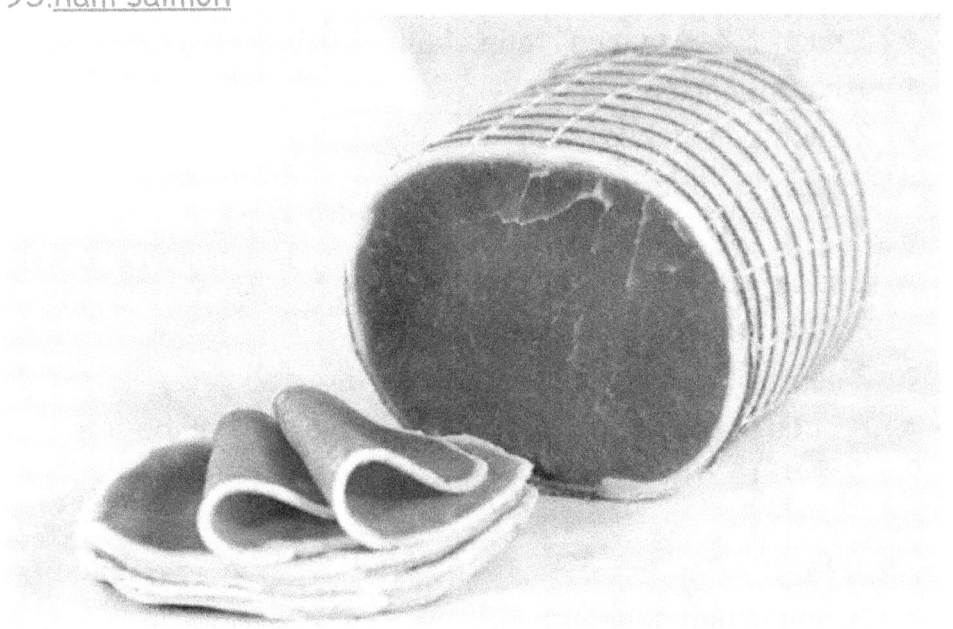

BAHAN-BAHAN:
- 2 paun fillet salmon, tanpa kulit
- $\frac{1}{4}$ cawan garam halal
- 2 sudu besar gula
- 2 sudu kecil lada hitam yang dikisar
- 2 sudu teh dill kering
- 2 sudu teh thyme kering
- 2 sudu teh rosemary kering
- 2 sudu kecil kulit lemon
- 1 sudu teh garam pengawetan merah jambu (serbuk Prague #1)

ARAHAN:
a) Dalam mangkuk, gabungkan garam halal, gula, lada hitam, dill kering, thyme kering, rosemary kering, kulit limau dan garam pengawetan merah jambu.

b) Gosok adunan ke seluruh isi ikan salmon, pastikan ia bersalut sama rata.

c) Letakkan fillet salmon dalam beg ziplock dan sejukkan selama 24-48 jam.

d) Selepas tempoh pengawetan, keluarkan fillet salmon dari beg dan bilas di bawah air sejuk.

e) Keringkan fillet salmon dengan tuala kertas.

f) Panaskan ketuhar hingga 175°F (80°C).

g) Letakkan fillet salmon pada rak dawai yang ditetapkan di atas loyang.

h) Masak fillet salmon dalam ketuhar yang telah dipanaskan selama 2-3 jam, atau sehingga ia kering dan membentuk tekstur yang padat.

i) Setelah kering, lachsschinken boleh dihiris nipis dan dinikmati sebagai makanan istimewa.

96. Ikan Sardin Awet

BAHAN-BAHAN:
- 1 paun sardin segar, dibersihkan dan dihancurkan
- $\frac{1}{4}$ cawan garam halal
- $\frac{1}{4}$ cawan gula
- 1 sudu besar kulit limau
- 1 sudu besar kulit oren
- 1 sudu besar biji adas, dihancurkan
- 1 sudu kecil serpihan lada merah ditumbuk

ARAHAN:

a) Bilas ikan sardin dan keringkan dengan tuala kertas.

b) Dalam mangkuk, satukan garam halal, gula, kulit limau, kulit oren, biji adas yang dihancurkan dan kepingan lada merah yang dihancurkan.

c) Taburkan bancuhan garam secara rata ke atas ikan sardin, salutkannya pada kedua-dua belah.

d) Letakkan ikan sardin berperisa dalam hidangan cetek, tutup hidangan, dan sejukkan selama 2-3 jam.

e) Selepas tempoh pengawetan, keluarkan sardin dari hidangan dan bilas di bawah air sejuk untuk menghilangkan garam dan perasa yang berlebihan.

f) Keringkan sardin dengan tuala kertas dan sajikannya yang diperap dalam minyak zaitun, jus lemon dan herba segar.

97. Ikan tenggiri yang telah sembuh

BAHAN-BAHAN:
- 2 isi ikan tenggiri, kulit
- ¼ cawan garam halal
- ¼ cawan gula
- 1 sudu besar kulit limau
- 1 sudu besar daun thyme
- 1 sudu kecil biji ketumbar ditumbuk
- 1 sudu kecil lada hitam, ditumbuk

ARAHAN:
a) Bilas isi tenggiri dan keringkan dengan tuala kertas.
b) Dalam mangkuk, satukan garam halal, gula, kulit limau, daun thyme, biji ketumbar yang dihancurkan dan biji lada hitam yang dihancurkan.
c) Sapu campuran garam secara rata pada bahagian daging isi ikan tenggiri.
d) Letakkan fillet dalam pinggan cetek, kulit menghadap ke bawah, dan tutup hidangan.
e) Sejukkan selama 4-6 jam, membolehkan ikan tenggiri menyembuhkan dan menyerap rasa.
f) Selepas tempoh pengawetan, keluarkan makarel dari hidangan dan bilas di bawah air sejuk untuk menghilangkan garam dan perasa yang berlebihan.
g) Keringkan ikan tenggiri dengan tuala kertas dan hidangkan dihiris nipis, disertakan dengan sayur jeruk dan roti berkerak.

98. Kerang Diubati

BAHAN-BAHAN:
- 1 paun kerang segar
- ¼ cawan garam halal
- ¼ cawan gula
- 2 sudu besar kulit lemon
- 1 sudu besar kulit oren
- 1 sudu besar tarragon segar, dicincang
- 1 sudu kecil lada hitam, ditumbuk

ARAHAN:
a) Bilas kerang dan keringkan dengan tuala kertas.
b) Dalam mangkuk, satukan garam halal, gula, kulit limau, kulit oren, tarragon cincang, dan lada hitam yang dihancurkan.
c) Taburkan campuran garam secara merata ke atas kerang, salutkannya pada semua sisi.
d) Letakkan kerang berperisa dalam hidangan cetek, tutup hidangan, dan sejukkan selama 1-2 jam.
e) Selepas tempoh pengawetan, keluarkan kerang dari hidangan dan bilas di bawah air sejuk untuk menghilangkan garam dan perasa yang berlebihan.
f) Keringkan kerang dengan tuala kertas dan sajikannya mentah sebagai ceviche atau bakar dengan cepat dalam kuali panas untuk kerak karamel.

99. Ikan Todak Diubati

BAHAN-BAHAN:
- 1 paun stik ikan todak
- ¼ cawan garam halal
- ¼ cawan gula
- 2 sudu besar perahan limau nipis
- 1 sudu besar ketumbar segar, dicincang
- 1 sudu besar biji jintan manis, ditumbuk
- 1 sudu kecil serpihan lada merah ditumbuk

ARAHAN:

a) Bilas stik ikan todak dan keringkan dengan tuala kertas.

b) Dalam mangkuk, satukan garam kosher, gula, kulit limau nipis, ketumbar cincang, biji jintan dihancurkan dan kepingan lada merah yang dihancurkan.

c) Gosokkan campuran garam secara rata pada kedua-dua belah stik ikan todak.

d) Letakkan stik dalam hidangan cetek dan tutup hidangan.

e) Sejukkan selama 4-6 jam, membenarkan ikan todak menyembuhkan dan menyerap rasa.

f) Selepas tempoh pengawetan, keluarkan ikan todak dari hidangan dan bilas di bawah air sejuk untuk menghilangkan garam dan perasa yang berlebihan.

g) Tepuk-tepuk ikan todak hingga kering dengan tuala kertas dan panggang atau goreng ke tahap kesedapan yang anda inginkan.

100. Telur Ikan Trout (Kaviar)

BAHAN-BAHAN:
- 1 cawan roe trout (segar atau beku)
- $\frac{1}{4}$ cawan garam halal
- $\frac{1}{4}$ cawan gula

ARAHAN:
a) Bilas roe trout dalam air sejuk dan keringkan dengan tuala kertas.
b) Dalam mangkuk, satukan garam halal dan gula.
c) Taburkan campuran garam secara merata ke atas roe trout, urut perlahan-lahan ke dalam telur.
d) Letakkan bit yang telah diawetkan dalam bekas dan tutupnya.
e) Sejukkan selama 24 jam, biarkan bit sembuh.
f) Selepas tempoh pengawetan, keluarkan lobak dari bekas dan bilas perlahan-lahan di bawah air sejuk untuk mengeluarkan garam yang berlebihan.
g) Keringkan bit dengan tuala kertas dan sajikan sebagai topping mewah untuk blinis, roti bakar atau hidangan makanan laut.

KESIMPULAN

Semasa kami mengakhiri perjalanan kami melalui dunia papan dan pinggan charcuterie, kami berharap buku masakan ini telah memberi inspirasi kepada anda untuk meningkatkan kemahiran menghiburkan anda dan mencipta hamparan menakjubkan yang menarik secara visual kerana ia lazat.

Ingat, keindahan sebenar charcuterie terletak pada kepelbagaian dan keupayaannya untuk memenuhi pelbagai cita rasa dan pilihan diet. Jangan takut untuk bereksperimen dengan kombinasi, tekstur dan perisa yang berbeza untuk menjadikan ciptaan charcuterie anda unik. Sama ada anda menggabungkan kepakaran tempatan, meneroka perisa antarabangsa atau menumpukan pada bahan bermusim, biarkan kreativiti anda bersinar.

Kongsi kegembiraan berkumpul dan merumput dengan orang tersayang, mencipta detik-detik perhubungan dan perayaan di sekitar penyebaran yang disusun dengan teliti. Hayati seni menghiburkan, dan nikmati kepuasan mengetahui bahawa usaha anda telah membawa senyuman dan kepuasan kepada orang di sekeliling anda.

Terima kasih kerana menyertai kami dalam pengembaraan penuh charcuterie ini. Semoga majlis anda sentiasa dipenuhi dengan gelak tawa, hidangan anda sentiasa dipenuhi dengan kelazatan, dan cinta anda untuk berhibur bergaya terus bersemi. Selamat merumput dan bon appetit!

www.ingramcontent.com/pod-product-compliance
Lightning Source LLC
Chambersburg PA
CBHW071320110526
44591CB00010B/956